2022年度辽宁省科学事业公益研究基金计划
（项目编号：2022JH4/10300005）

辽宁省区域创新能力监测与评价报告（2023年度）

辽宁省重要技术创新与研发基地建设工程中心　编

东北大学出版社
·沈　阳·

Ⓒ 辽宁省重要技术创新与研发基地建设工程中心　2024

图书在版编目（CIP）数据

辽宁省区域创新能力监测与评价报告. 2023年度 / 辽宁省重要技术创新与研发基地建设工程中心编 .

沈阳 : 东北大学出版社, 2024. 9. -- ISBN 978-7-5517-3596-4

Ⅰ. F127.31

中国国家版本馆 CIP 数据核字第 2024XJ6837 号

────────────────────────────

出 版 者：东北大学出版社
　　　　　地址：沈阳市和平区文化路三号巷11号
　　　　　邮编：110819
　　　　　电话：024-83683655（总编室）
　　　　　　　　024-83687331（营销部）
　　　　　网址：http://press.neu.edu.cn
印 刷 者：辽宁一诺广告印务有限公司
发 行 者：东北大学出版社
幅面尺寸：210 mm × 285 mm
印　　张：8.75
字　　数：192千字
出版时间：2024 年 9 月第 1 版
印刷时间：2024 年 9 月第 1 次印刷
策划编辑：牛连功
责任编辑：王　旭
责任校对：周　朦
封面设计：潘正一
责任出版：初　茗

────────────────────────────

ISBN 978-7-5517-3596-4　　　　　　　　　　　定　价：88.00元

辽宁省区域创新能力监测与评价报告（2023年度）

编委会

主　　任：田东泉

副主任：荣伟东

委　　员：王志嘉　黄晓莉　林　琳　佟春杰　高洪才
　　　　　曹　严

编 辑 部

主　　编：黄晓莉

副主编：王志嘉　王　健

编　　辑：曹　严　李晓琦　李　宁　佟春杰　高洪才
　　　　　林　琳　刘松涛　盛　楠　徐秀茹　孙　海
　　　　　王　莹　陈　曦　董素梅　关永彬　赵　悦
　　　　　杨曦婷　于　凡

序　言

　　《辽宁省区域创新能力监测与评价报告（2023年度）》一书出版了，这是辽宁省重要技术创新与研发基地建设工程中心在区域创新研究方面又一次积极的探索。

　　当前，世界百年未有之大变局正在加速演进，人类社会面临前所未有的挑战，新一轮科技革命正在重构全球产业格局，科技创新活动不断突破地域、组织、技术的界限，逐步演化为区域创新体系的竞争。在《推动形成优势互补高质量发展的区域经济布局》文章中，习近平总书记指出，"我国经济发展的空间结构正在发生深刻变化，中心城市和城市群正在成为承载发展要素的主要空间形式"。从辽宁省来看，区域创新正处于追赶争先的重要窗口期。辽宁省第十三次党代会提出，未来五年辽宁省要创建全国有影响力的科技创新中心，构建"一圈一带两区"的区域发展格局。因此，推动区域创新和不同层次的区域合作是应对新一轮科技革命挑战、抢占科技发展制高点、提高区域创新竞争力的重要战略。在这种情况下，开展区域创新能力监测与评价研究，努力提高软科学研究对决策的支持、支撑能力，既是时代赋予我们的光荣使命，也是省委、省政府对我们的殷切期待。

　　近几年，省内外有一些关于区域创新的研究成果已被应用于区域创新发展的实践中，但关于辽宁省创新型城市监测和评价的研究工作还鲜见报端。为响应国家关于建设若干具有强大带动力的创新型城市和区域创新中心的要求，全面"建立全国创新调查制度"，辽宁省重要技术创新与研发基地建设工程中心在《辽宁省区域创新能力监测与评价报告（2020年度）》《辽宁省区域创新能力监测与评价报告（2021年度）》基础上，以国家统计局、科学技术部、辽宁省科学技术厅等权威部门的调查统计数据为基础，开展辽宁省区域创新能力评价工作，编写了《辽宁省区域创新能力监测与评价报告（2023年度）》一书。这项工作以国家创新型城市建设为目标，对辽宁省14个市的城市创新能力一级指标、部分二级指标及"一圈一带两区"区域综合创新水平的创新能力进行了监测与评价，并在国家创新型城市中选取体量大小、人口规模、地理位置、产业类型相似的城市作对标，通过深入研究分析二者之间的优劣势，了解对标城市的区域布局及创新发展路径，提出辽宁省各市未来区域创新发展的意见和建议，以作为辽宁省创新型城市、科技创新中心建设的他山之石。

　　衷心希望辽宁省重要技术创新与研发基地建设工程中心以此为契机，全面提升自身素质，为区域创新发展提供更多科学的、高质量的参考建议。

2024年1月

前　言

2013年以来，科学技术部、国家统计局会同有关部门，按照党中央、国务院关于"建立全国创新调查制度"的要求，逐步开展了国家、省市、典型创新密集区等创新能力的监测评价工作，并陆续发布了国家、省市、国家高新区等一批创新监测报告和评价报告，为地方政府了解本地区创新能力提供了重要参考。

根据《辽宁省国民经济和社会发展第十四个五年规划和二〇三五年远景目标纲要》精神，课题组成员以"十四五"时期，辽宁省要形成区域发展新格局，增强中心城市、城市群辐射带动作用，加快推进新型城镇化，加强沿海与腹地良性互动，形成主体功能明显、优势互补、高质量发展的区域经济布局为任务目标，围绕辽宁省重大区域发展战略，对国内部分创新型城市及全省14个市的创新能力进行重点跟踪和深度研究，将其编撰成《辽宁省区域创新能力监测与评价报告（2023年度）》（以下简称《报告》）。

《报告》以区域创新体系理论为指导，借助中国科学技术信息研究所多年形成的评价方法，紧扣"创新是引领发展的第一动力"的根本要求，构建了一个包括创新治理力、原始创新力、技术创新力、成果转化力和创新驱动力5个一级指标，以及财政科技支出占公共财政支出比重、全社会研发经费支出与地区生产总值之比、高新技术企业数等29个二级指标的辽宁省创新型城市创新能力评价指标体系。

《报告》对辽宁省14个市的城市创新能力一级指标、部分二级指标及"一圈一带两区"区域综合创新水平的创新能力进行了统一评价和分类评价，并根据14个市的面积、常住人口、地区生产总值及地理位置和产业特色等，在国家创新型城市中选取体量或排名或产业方向相当的若干城市作为对标城市开展对比分析，找出其创新发展的优势及短板。通过对成功范例的研究和借鉴，以期对辽宁省各市创新能力建设形成示范和推动作用。同时，《报告》提出了若干科技支撑重点区域和城市发展战略实施的相关意见，为辽宁省委、省政府及各市亟待研究、解决的区域创新问题，为形成以沈阳、大连"双核"为牵引的区域科技创新中心和"一圈一带两区"的区域发展格局提供了参考。

《报告》测算所涉及的数据来源于国家统计局、科学技术部、财政部、中国科学技术信息研究所、辽宁省科学技术厅等权威部门的统计和调查。《报告》主要采用2021年的数据，部分采用2022年的数据。

评价一个区域或城市的创新能力，总结凝练其创新发展的经验和存在的问题，是一个需要不断探索和深入研究的课题。由于经验和时间有限，课题组虽数易其稿，但《报告》仍有许多不足之处，欢迎社会各界批评指正。

在此，特别感谢中国科学技术信息研究所、辽宁省科学技术厅规划与平台处对《报告》相关研究和出版的大力支持与帮助。

辽宁省区域创新能力评价研究课题组

2023年12月

目　录

第一章　辽宁省创新能力基本情况评价

一、辽宁省创新能力总体评价

2023年，辽宁省深入贯彻习近平总书记关于东北、辽宁全面振兴的重要讲话和指示批示精神，坚持创新在现代化建设全局中的核心地位，深入实施创新驱动发展战略，落实省委、省政府工作部署。同时，按照《辽宁全面振兴新突破三年行动方案（2023—2025年）》《科技教育人才支撑塑造发展新动能专项行动工作方案（2023—2025年）》的相关要求，坚持把创新驱动引领高质量发展作为一项重大任务来抓，不断集聚创新资源，积极争创具有全国影响力的区域科技创新中心，为保持经济平稳增长和推进高质量发展提供了重要支撑。

根据中国科学技术发展战略研究院发布的《中国区域科技创新评价报告2023》，基于《辽宁科技统计年鉴2022》统计数据及国家部委有关工作数据，对辽宁省创新情况进行统计与分析，2023年，辽宁综合科技创新水平排名全国第15位。2022年辽宁科技统计数据资料显示，辽宁地区总人口4229万人；地区生产总值27584.08亿元，居全国第17位；万人R&D[①]研发人员数27.07人年，居全国第15位；地方财政科技支出78.45亿元，居全国第20位；R&D经费支出600.42亿元，居全国第16位；R&D经费支出占生产总值之比为2.18%，居全国第13位；发明专利拥有量5.61万件，居全国第13位；技术市场输出技术成交额755.12亿元，居全国第14位；高新技术企业数8721个，居全国第14位。在科技创新发展引领下，2023年辽宁省创新能力保持平稳发展，在创新治理力、原始创新力、技术创新力、成果转化力及创新驱动力5个方面表现出良好的发展态势，为全省经济发展奠定了坚实的基础。

（一）创新治理力保持平稳

创新治理力主要体现创新方面的科学决策、制度建设和制度执行能力。它主要包括全社会研发经费支出与地区生产总值之比、财政科技支出占公共财政支出比重、万名就业人员中研发人员数、万人普通高校在校学生数等指标。

[①] R&D：研究与试验发展。R&D经费：研究与试验发展经费。

全社会研发经费支出逐年增长。如图1-1所示，从R&D经费支出总量看，近五年，辽宁省全社会R&D经费支出稳中有升，从2018年的460.1亿元增加至2022年的620.9亿元，增幅为34.9%。从R&D经费支出占GDP之比看，近五年，辽宁省R&D经费支出占GDP之比较为稳定，为1.96%～2.19%，比全国平均水平低0.3～0.4个百分点。从各市看，2021年大连市、沈阳市和盘锦市的R&D经费支出占GDP之比分别为3.02%，2.97%，2.20%，超过全省平均水平（2.18%）。

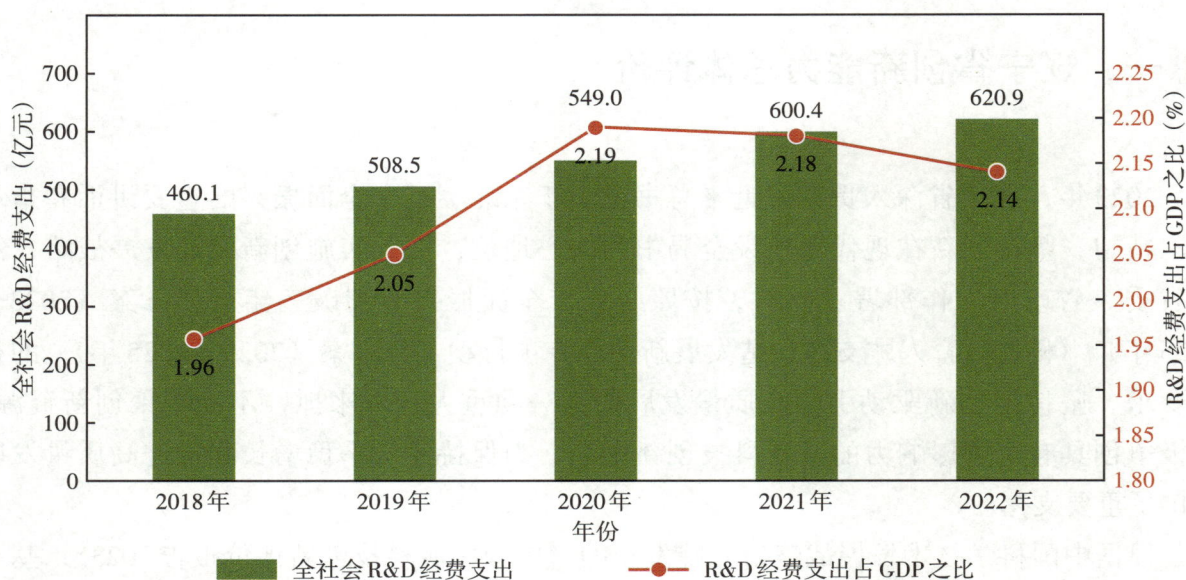

图1-1　2018—2022年辽宁省全社会研发经费支出与地区生产总值之比

财政科技支出总额保持平稳。如表1-1所列，从辽宁省财政科技支出看，2018—2022年，辽宁省财政科技支出稳定在74亿元左右，约占全国财政科技支出的1.44%。如图1-2所示，2018—2022年，辽宁省财政科技支出占公共财政支出比重略有下降，由2018年的1.41%下降到2022年的1.19%，与全国平均水平还有1.84个百分点的差距。从各市看，沈阳市、大连市财政科技支出占公共财政支出比重为2.27%和2.17%，与全国平均水平还有差距。

表1-1　2018—2022年全国与辽宁省财政科技支出情况　　　　单位：亿元

年份	全国	辽宁省
2018年	5212.1	75.0
2019年	5960.8	74.0
2020年	5801.5	72.7
2021年	6464.2	78.4
2022年	6816.5	74.4

图1-2　2018—2022年全国与辽宁省财政科技支出占公共财政支出比重

如图1-3所示，万名就业人员中研发人员数逐年增加。研究与试验发展人员是科技创新最为重要的人力资源之一，万名就业人员中研发人员数是反映科技创新人力资源水平的主要指标。2018—2021年，辽宁省万名就业人员中研发人员数保持平稳增长，始终排名全国第15位。2021年，从各市看，排名前4位的城市分别为大连市、沈阳市、盘锦市和鞍山市。

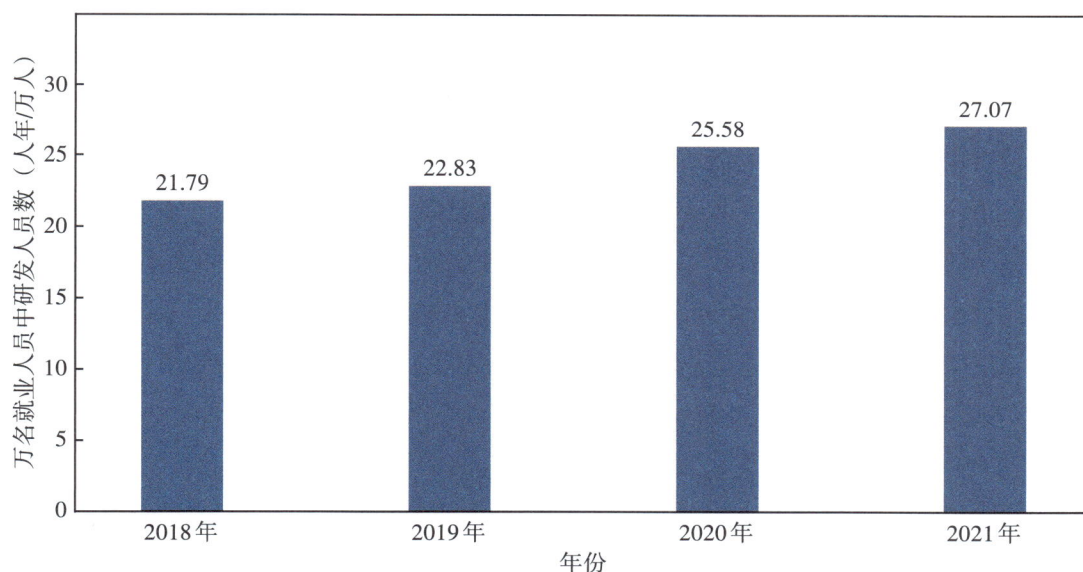

图1-3　2018—2021年辽宁省万名就业人员中研发人员数

2021年，辽宁省拥有高等院校114所，排名全国第6位。如图1-4所示，2018—2021年，万人普通高校在校学生数呈逐年上升趋势，年均增速为8.63%；2021年，辽宁省万人普通高校在校学生数为367.74人/万人，排名全国第8位。从各市看，排名前5位的城市分别为沈阳市、大连市、锦州市、本溪市和阜新市。

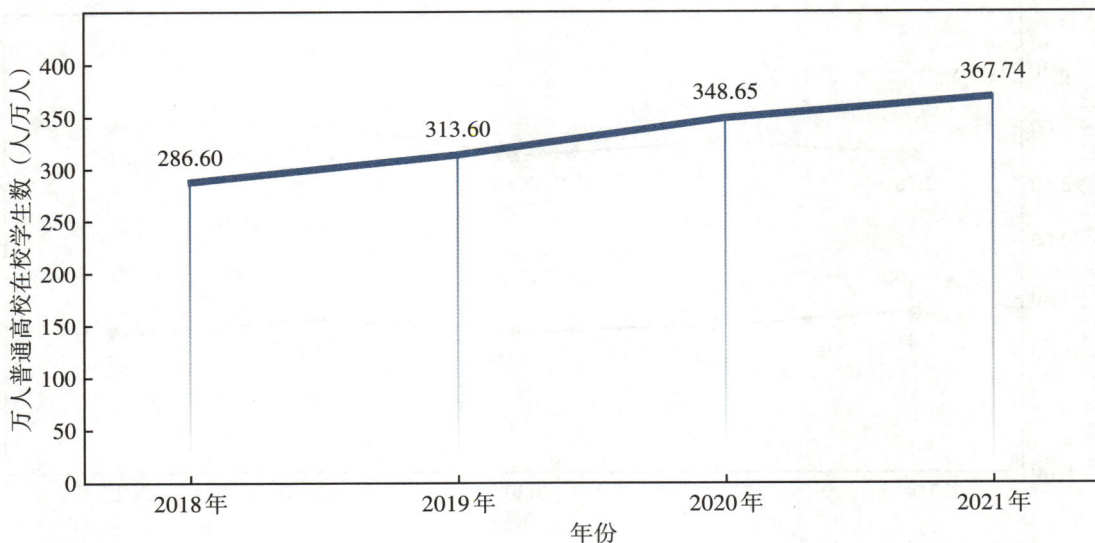

图1-4　2018—2021年辽宁省万人普通高校在校学生数

（二）原始创新力基础更加坚实

原始创新力主要是指在研究开发方面，特别是在基础研究和高技术研究领域取得独有的发现或发明的能力。它主要包括基础研究经费占研发经费比重、高层次科技人才数、"双一流"建设学科数、高水平科学与工程研究类科技创新基地数等指标。

辽宁省科研基础条件较好，科研人员规模较大、科研平台水平较高、科研基础条件丰富，科技创新潜力巨大。根据国家统计局统计口径，辽宁省纳入科技统计的部门属科研机构有41个。其中，中央部门属7个、军工集团直属科研事业单位6个、地方部门属28个。拥有1个国家自主创新示范区、9个国家级高新区和3个国家创新型城市。

如表1-2所列，从基础研究人员及经费投入情况看，2022年，辽宁省基础研究人员投入强度近两年略有下降，2022年为11.69%，排名全国第6位；辽宁省基础研究经费占研发经费比重大幅提高，2022年为6.66%，超过全国平均水平（6.57%），排名全国第15位。从各市看，基础研究经费占研发经费比重排名前3位的城市分别为阜新市、锦州市、大连市，分别为14.26%、14.00%、8.90%，远远超过全国平均水平。

表1-2　2018—2022年辽宁省基础研究人员与经费投入情况

项目	2018年	2019年	2020年	2021年	2022年
基础研究人员占比（%）	12.25	13.60	13.31	12.84	11.69
基础研究经费占比（%）	6.03	6.31	6.42	6.85	6.66

从高层次科技人才数看，辽宁省拥有两院院士87名，各类高层次科技人才数53名。2022年，4所高校及其7个学科入选"双一流"建设高校及建设学科名单（大连理工大学

的力学、机械工程、化学工程与技术，东北大学的冶金工程、控制科学与工程，大连海事大学的交通运输工程，辽宁大学的应用经济学），在装备、交通、冶金、化工、农业、医学等领域具有良好的研发基础。

如图1-5所示，从高水平科学与工程研究类科技创新基地数看，辽宁省高水平科学与工程研究类科技创新基地数稳定在17个左右。科学与工程研究类国家科技创新基地定位于瞄准国际前沿，聚焦国家战略目标，围绕重大科学前沿、重大科技任务和重大科学工程，开展战略性、前沿性、前瞻性、基础性、综合性科技创新活动。主要包括国家实验室、国家重点实验室。高水平科学与工程研究类科技创新基地建设和发展对提高辽宁省原始创新力、促进科技进步起到了很好的引领带动作用。

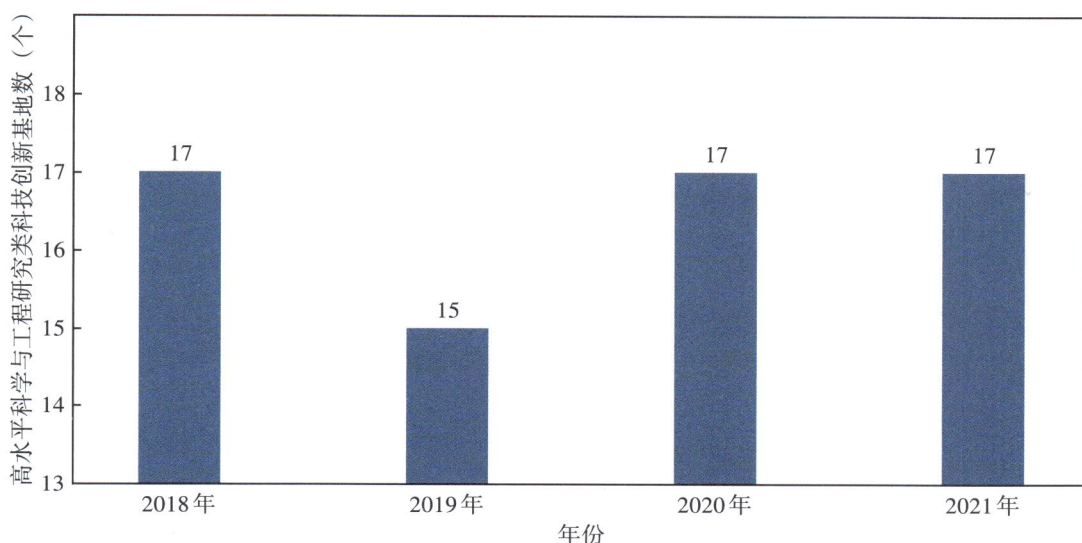

图1-5　2018—2021年辽宁省高水平科学与工程研究类科技创新基地数

（三）技术创新力实力显著增强

技术创新力是指以现有的思维模式提出有别于常规或常人思路的见解为导向，利用现有的知识和物质，在特定的环境中，为满足社会需求而改进或创造新的技术的能力。它主要包括规上工业企业研发经费支出与主营业务收入之比、上市科技型中小企业数、高新技术企业数、万人发明专利拥有量和技术输出合同成交额与地区生产总值之比等指标。

近几年，辽宁省围绕科技创新发展，构建起科技型企业、高新技术企业、领军企业梯次培育体系，聚焦产业前沿，推动关键技术实现新突破。目前，全省拥有科技型中小企业26738家，"雏鹰""瞪羚""潜在独角兽"企业4308家，国家级"专精特新"企业280家、省级"专精特新"企业1979家。同时，培育形成了一批高成长企业，已有29家科技型中小企业成功上市。其中，高新技术企业数大幅提升。辽宁省实施高新技术企业"三年倍增计划"以来，高新技术企业数从2018年的3658家增长到2022年的11003家

（见图1-6），涨了两倍还多。综合科技型中小企业、高新技术企业及规上工业企业发展情况，五年间，辽宁省在企业培育方面取得了长足的进步。从各市看，辽宁省高新技术企业主要集中在沈阳市和大连市，2021年，两市高新技术企业数合计占全省总数的73%以上。

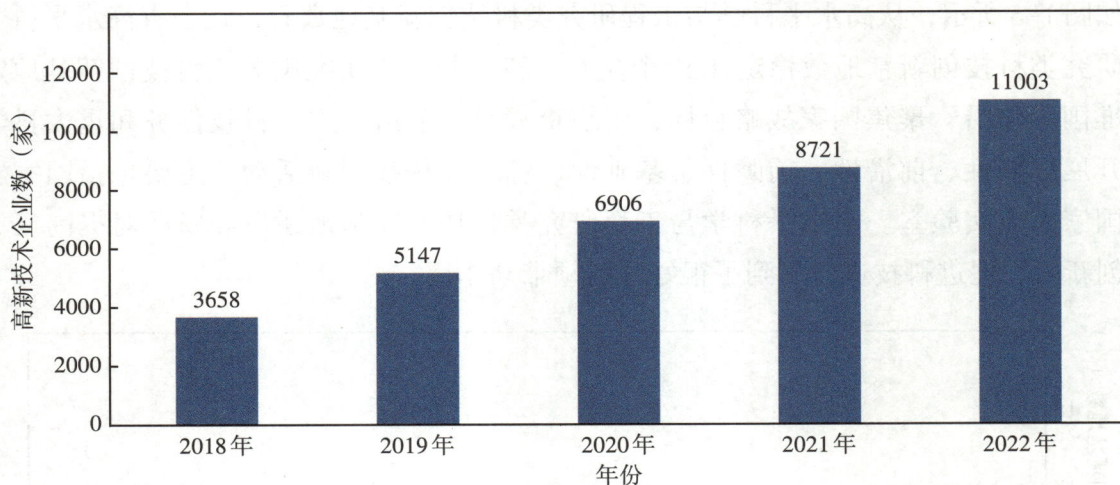

图1-6 2018—2022年辽宁省高新技术企业发展情况

如图1-7所示，近五年，辽宁省规上工业企业研发经费投入总额小幅增加，由2018年的300.6亿元增加到2022年的375.7亿元，增幅为24.98%；规上工业企业研发经费支出与营业收入之比呈现总体下降趋势，由2018年的1.13%下降到2022年的1.01%，与全国平均水平还有约0.4个百分点的差距。

图1-7 2018—2022年辽宁省规上工业企业发展情况

专利产出增长明显。发明专利数量既是反映地区科技创新质量的重要指标，也是地区技术创新实力的重要体现。如图1-8所示，2018—2021年，辽宁省万人发明专利拥有量以年均 15.6% 的速度不断提升，到 2021 年，达到 13.28 件/万人，高于全国平均水平（7.5 件/万人）。从各市看，排名前 3 位的城市是大连市、沈阳市和鞍山市，万人发明专利拥有量分别为 26.97 件/万人，25.48 件/万人和 13.01 件/万人。其余各市数量均未达到全国平均水平。

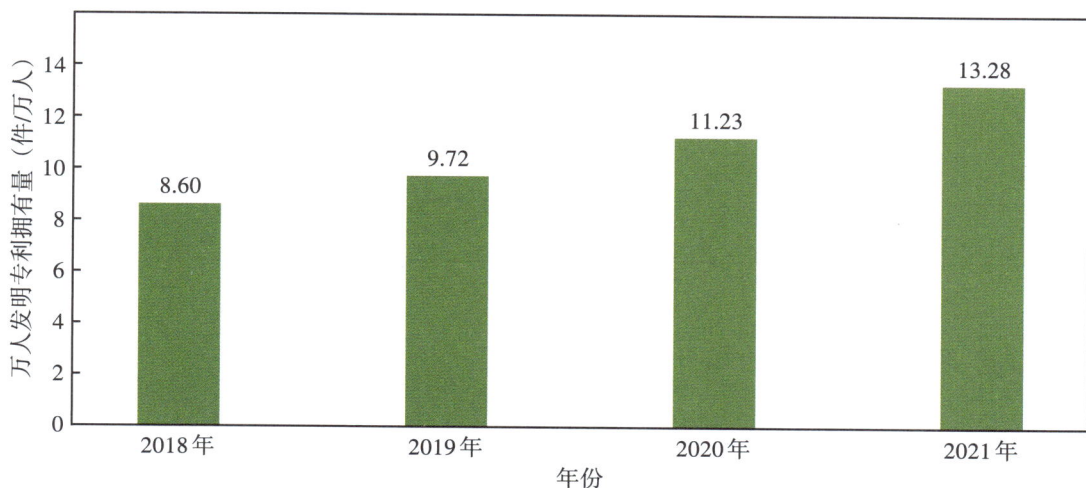

图 1-8　2018—2021 年辽宁省万人发明专利拥有量情况

技术交易合同成交额迅猛增长。如图 1-9 所示和表 1-3 所列，从技术输出的成交额和合同数看，2018—2022 年，辽宁省技术输出合同成交额以年均 19.6% 的速度快速增长，到 2022 年接近 1000 亿元，排名全国第 15 位；技术输出合同成交额与地区生产总值之比也保持了稳定增长，从 2018 年的 1.87% 增加到 2022 年的 3.35%；从各市看，2021 年沈阳市、大连市和锦州市排名全省前 3 位；从技术输出交易合同数看，2018—2022 年也有小幅提升。从表 1-3 可以看出，辽宁省技术输出合同成交额大于技术输入合同成交额，技术交易活跃，且对外输出技术较多。

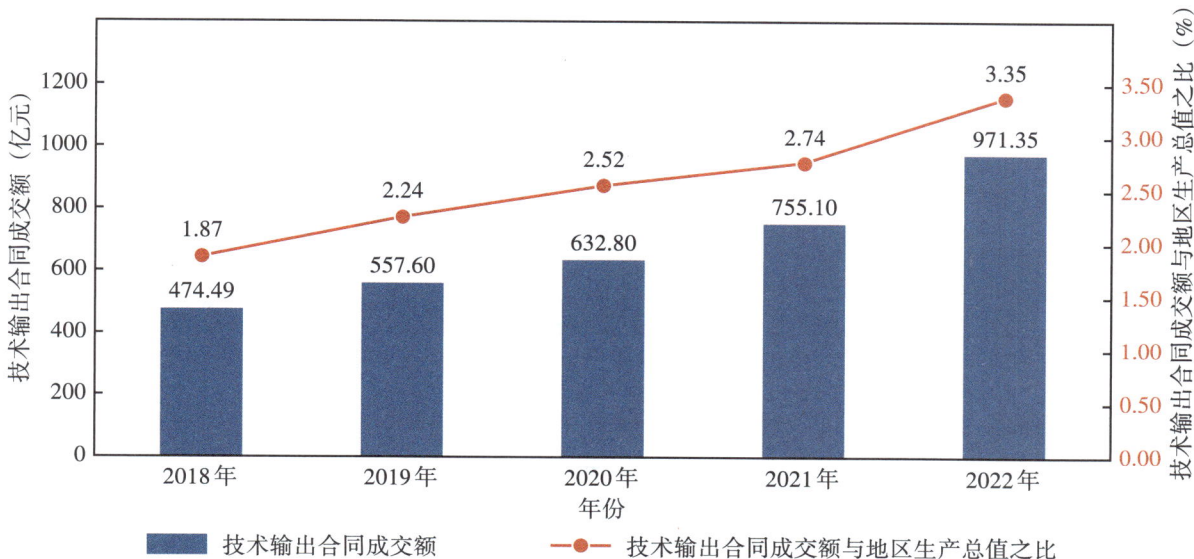

图 1-9　2018—2022 年辽宁省技术输出合同成交情况

表1-3 2018—2022年辽宁省技术市场交易情况

年份	技术输出		技术输入	
	合同数（项）	成交额（亿元）	合同数（项）	成交额（亿元）
2018年	17362	474.49	14546	273.22
2019年	16578	557.60	14351	355.90
2020年	17301	632.80	14984	406.60
2021年	18526	755.10	16264	511.00
2022年	18410	971.35	17509	746.99

（四）成果转化力稳中有升

成果转化力是指为提高生产力水平而对科学研究与技术开发所产生的具有实用价值的科技成果所进行的后续的试验、开发、应用、推广直至形成新产品、新工艺、新材料，发展新产业等活动的能力。它主要包括技术输入合同成交额与地区生产总值之比，国家级科技企业孵化器、大学科技园、双创示范基地数，国家级科技企业孵化器、大学科技园新增在孵企业数，高新技术企业营业收入与规上工业企业主营业务收入之比，规上工业企业新产品销售收入与主营业务收入之比和国家高新区营业收入与地区生产总值之比等指标。

图1-10 2018—2022年辽宁省技术输入合同成交情况

如图1-10所示，从技术输入的成交额和合同数看，2018—2022年，辽宁省技术输入的合同数和成交额均有大幅提高（见表1-3），增幅分别为20.4%和173.4%，到2022年，技术输入合同成交额为746.99亿元，排名全国第17位；技术输入与输出合同数差距逐渐缩小至不足1000项。从图1-10可以看出，技术输入合同成交额与地区生产总值之比也保持了较快增长，从2018年的1.08%增加到2022年的2.58%；从各市看，2021年葫芦岛市、锦州市和盘锦市技术输入合同成交额与地区生产总值之比排名全省前3位，科技成果输入和本地转化更为活跃。

国家级科技企业孵化器、大学科技园、双创示范基地主要以具有较强科研实力的大学为依托，将大学的综合智力资源优势与其他社会优势资源相结合，为推动高等学校产学研结合、技术转移和科技成果转化、高新技术企业孵化等提供支撑和服务。国家级科技企业孵化器、大学科技园、双创示范基地数是区域科技成果转化支撑条件的一个主要指标。近年来，辽宁省积极支持省内创新创业载体建设，助力初创企业和团队成长。如图1-11所示，到2021年，国家级各类创新创业载体增加至116家，每年新增在孵企业700家左右，排名全国第14位。从数量上看，全省双创载体及在孵企业数不及南京市，但数量和趋势基本保持平稳。从各市看，2021年大连市、沈阳市、锦州市国家级科技企业孵化器、大学科技园、双创示范基地数排名全省前3位。从新增在孵企业数看，沈阳市、大连市和鞍山市位居全省前3位。

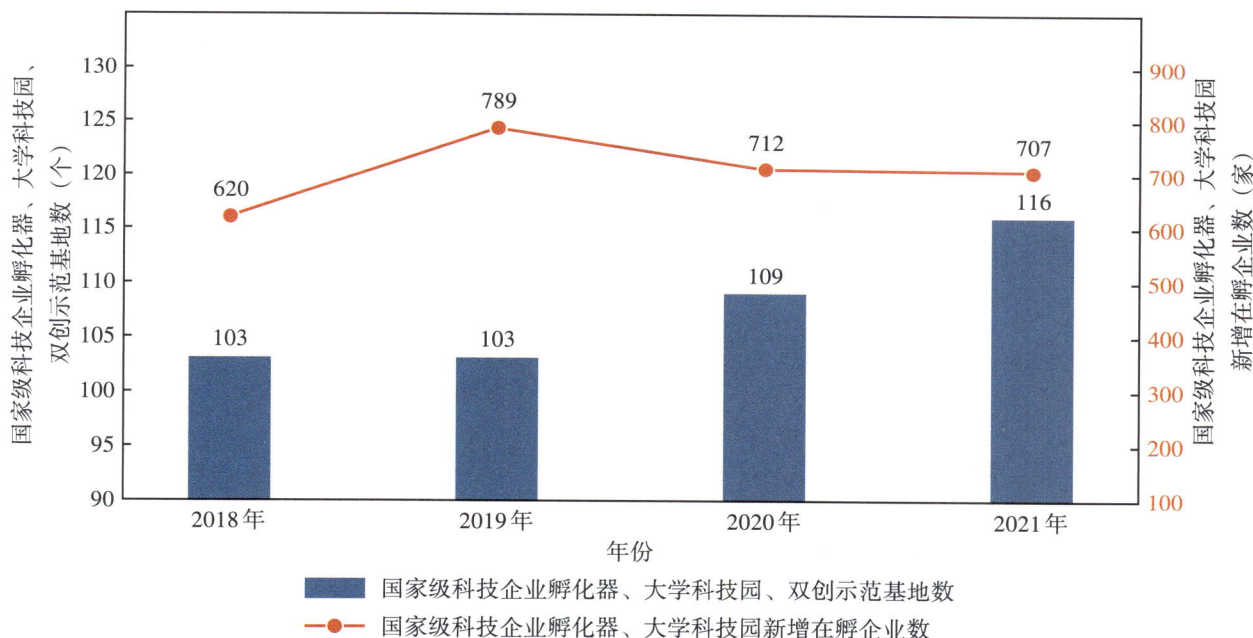

图1-11 2018—2021年辽宁省国家级科技企业孵化器、大学科技园、双创示范基地及新增在孵企业数情况

近年来，辽宁省加快实施创新驱动发展战略，着力将高新区打造为创新驱动发展的示范区和先行区，出台了《辽宁省高新区高质量发展新突破三年行动方案（2023—2025年）》，在深化体制机制创新、加快推动产业转型升级、增强科技创新策源能力、汇聚各类创新人才、推动高水平创新创业、推进开放协调绿色安全发展等六方面不断发力，高新区对经济社会发展的支撑和引领作用不断加强。2021年，辽宁省国家高新区生产总值突破8600亿元，同比增长32.8%，占地区生产总值超30%。从各市看，大连市、沈阳市和鞍山市国家高新区营业收入排名全省前3位；从国家高新区营业收入与地区生产总值之比看，辽阳市、阜新市、营口市、鞍山市和大连市比值分别为82.25%，49.97%，49.79%，48.88%，47.32%，几乎支撑了上述5市地区生产总值的半壁江山。

如图1-12所示，从规上工业企业新产品销售收入与主营业务收入之比、高新技术企业营业收入与规上工业企业主营业务收入之比两个指标看，2021年略有下降；2020年，规上工业企业新产品销售收入和高新技术企业营业收入分别为4440.94亿元和10015.98亿元，2021年均有不同程度的提升，同比增长分别为12.83%和13.93%。从各市看，丹东市、沈阳市和抚顺市排名全省高新技术企业营业收入与规上工业企业主营业务收入之比的前3位；葫芦岛市、沈阳市和营口市排名全省规上工业企业新产品销售收入与主营业务收入之比的前3位。

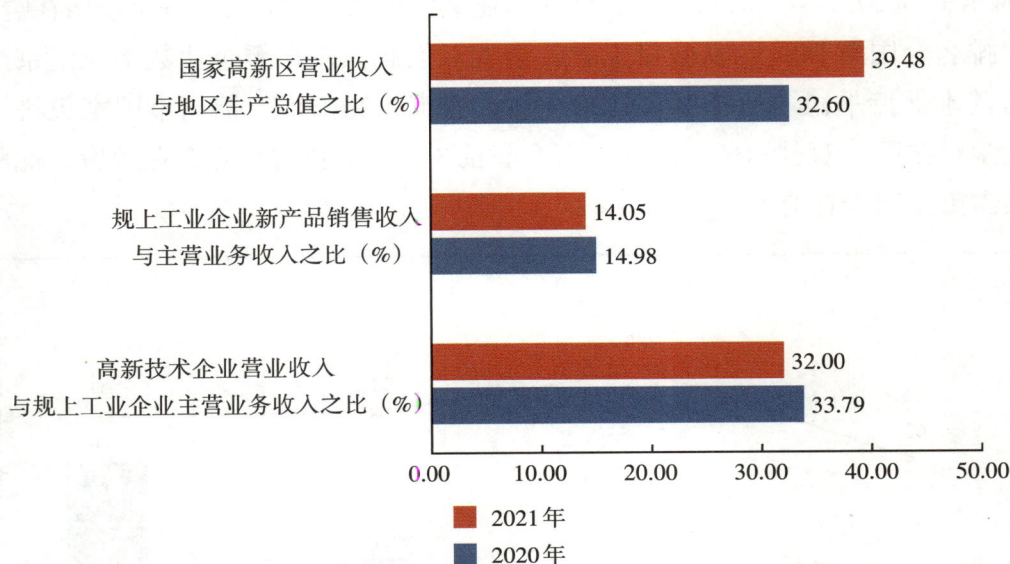

图1-12 2020—2021年辽宁省高新技术企业、规上工业企业新产品及国家高新区营业收入情况

（五）创新驱动力不断夯实

创新驱动力是推动一个国家和民族科技创新向前发展的能力。它主要包括人均地区生产总值、地区生产总值与固定资产投资之比、城乡居民人均可支配收入之比、单位地区生产总值能耗、居民人均可支配收入等指标。

近几年，辽宁省深入落实习近平总书记关于东北、辽宁振兴发展的重要讲话和指示精神，统筹经济社会发展，辽宁省经济运行稳中向好，经济总量稳中有升。2018—2022年，地区生产总值保持年均3.43%的增长率。2022年地区生产总值为28975.10亿元，比2021年增长5.04%；全年人均地区生产总值为6.90万元，比2021年增长5.83%，如图1-13所示。从各市看，2021年人均地区生产总值排名前3位的是大连市、盘锦市和沈阳市，人均地区生产总值分别为10.48万元、9.94万元和7.97万元。

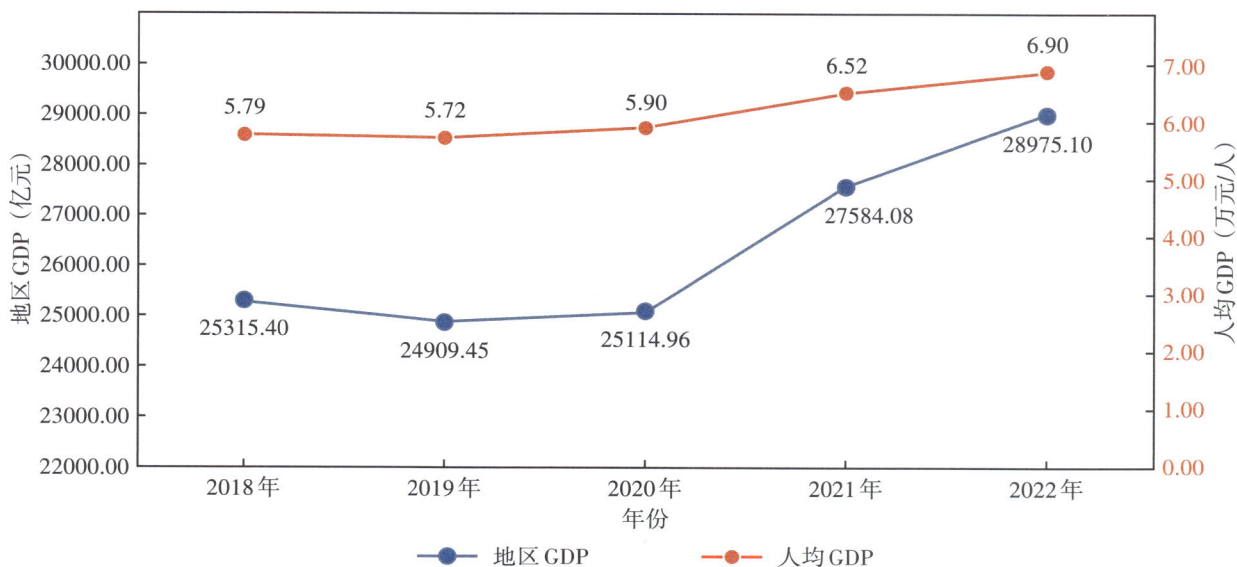

图1-13　2018—2022年辽宁省地区生产总值和人均地区生产总值情况

　　地区生产总值与固定资产投资之比在一定程度上代表了地区的投资效率，在固定资产投资总额一定的情况下，地区生产总值越大，代表投资带来的收益越高。2018—2021年，辽宁省地区生产总值与固定资产投资之比相对变化不大，每年固定资产投资总额占全省生产总值的1/4左右，2021年固定资产投资效率有一定程度的提升，如图1-14所示。从各市看，地区生产总值与固定资产投资之比较高的前3个城市分别为大连市、辽阳市和抚顺市，比值分别为6.42，5.56，5.45；较低的前3个城市分别为朝阳市、阜新市和丹东市，比值分别为2.28，2.56，2.80。

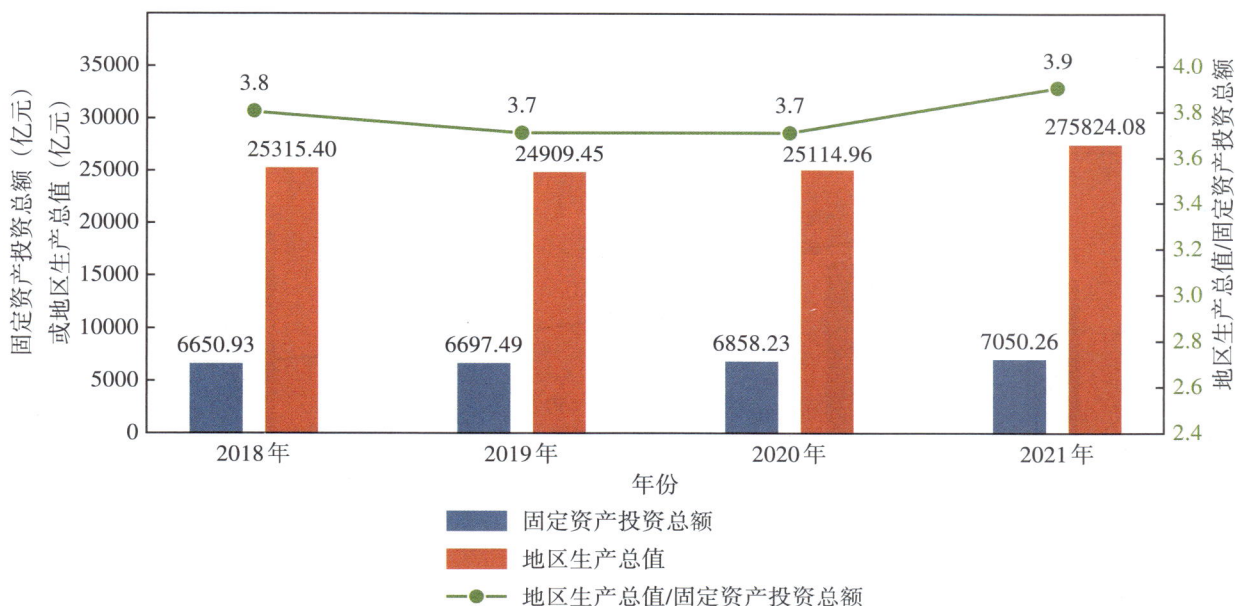

图1-14　2018—2021年辽宁省地区生产总值与固定资产投资情况

　　如图1-15所示，近五年，辽宁省居民人均可支配收入与地区经济同步保持较快增长，年均增速为4.99%，高于地区生产总值的年均增速（3.43%）。2022年，辽宁省居民人均可支配收入为3.61万元/人，比2018年增长21.5%。从各市看，沈阳市、大连市和盘锦市居民人均可支配收入排名全省前3位。其中，城乡居民人均可支配收入均稳步增加，到2022年，城镇居民人均可支配收入为44003元/人，农村居民人均可支配收入为19908元/人，年均增速分别为4.18%和7.96%。城乡居民人均可支配收入之比由2018年的2.55缩小到2022年的2.21，如图1-16所示。党的十八大以来，党和政府高度重视收入分配问题，着力深化收入分配制度改革，城乡和区域居民收入差距持续缩小，收入分配格局明显改善。随着乡村振兴战略和脱贫攻坚各项政策的纵深推进，农村居民人均可支配收入增速持续快于城镇居民人均可支配收入增速。从各市看，2021年辽宁省城乡居民人均可支配收入之比差距相对较大的城市分别为沈阳市、葫芦岛市和大连市；城乡居民人均可支配收入之比差距相对较小的城市分别为铁岭市、丹东市和朝阳市。

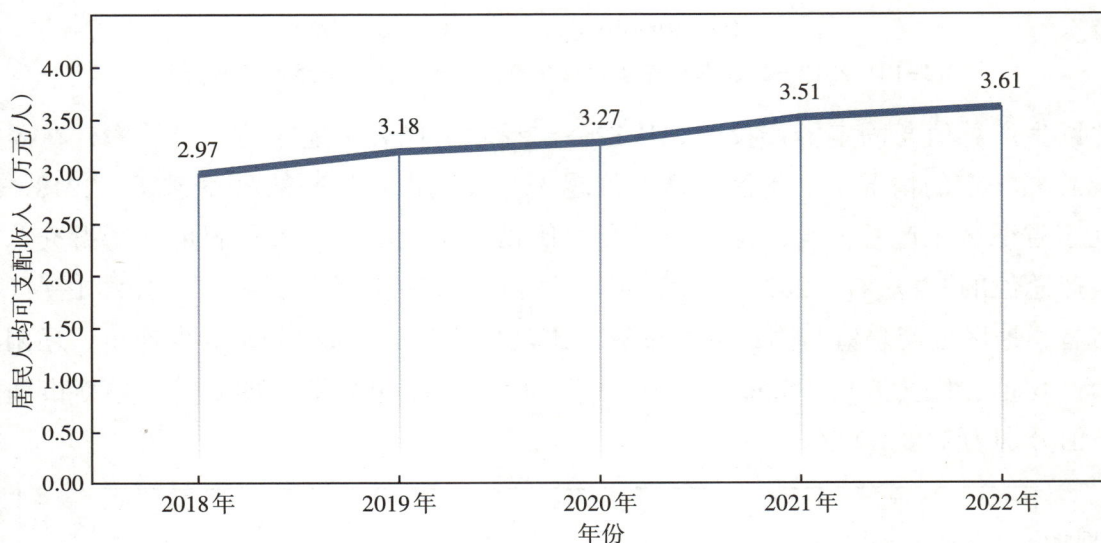

图1-15　2018—2022年辽宁省居民人均可支配收入情况

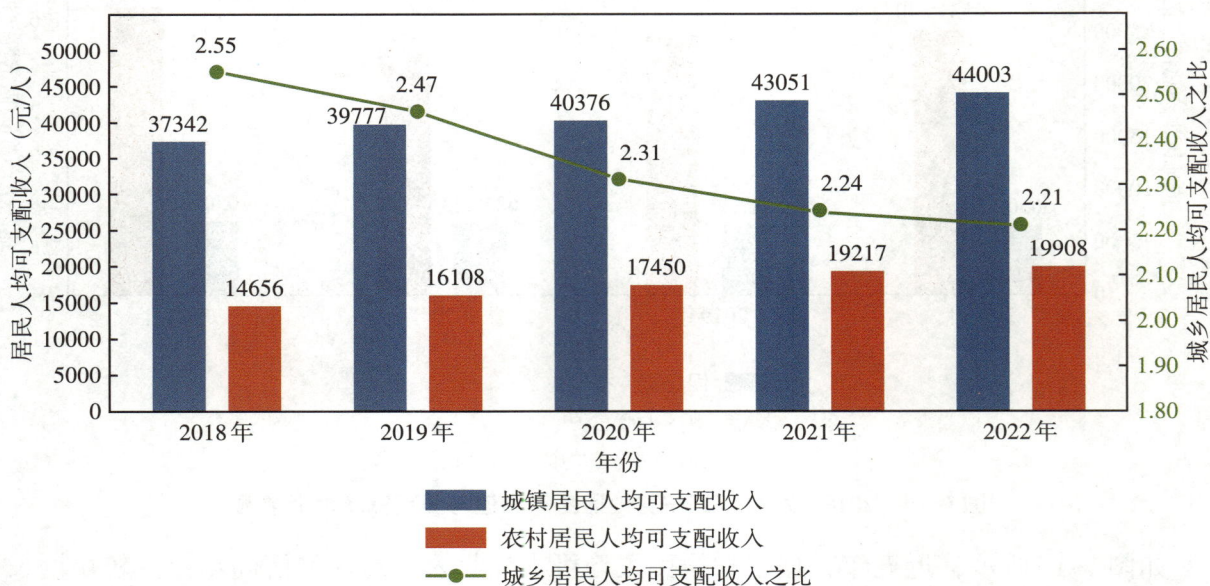

图1-16　2018—2022年辽宁省城乡居民人均可支配收入情况

辽宁省是我国重要的老工业基地之一，全省能源结构偏重，经济增长对能源消费依赖性较强。如图1-17所示，2018—2021年，辽宁省地区生产总值增幅为8.96%，能源消耗总量增幅为11.69%，以年均增速3.75%的能源消耗支撑地区生产总值年均2.90%的增长，节能空间巨大。"十四五"期间，为贯彻落实国家《"十四五"节能减排综合工作方案》（国发〔2021〕33号），辽宁省制定了《辽宁省"十四五"节能减排综合工作方案》，在节能减排方面精准发力。2021年，辽宁省地区生产总值为27584.08亿元，能源消耗总量为24930.8万吨标准煤，以能源消费0.33%的增幅支撑了地区经济9.83%的增长，能源利用效率显著提高，单位地区生产总值能耗下降8.65%。从各市看，单位地区生产总值能耗排名较低的前3位城市分别为丹东市、锦州市和沈阳市，分别为0.26吨标准煤/万元，0.27吨标准煤/万元和0.35吨标准煤/万元；能耗排名较高的前3位城市分别为营口市、本溪市和辽阳市，分别为1.18吨标准煤/万元，1.13吨标准煤/万元和1.10吨标准煤/万元。

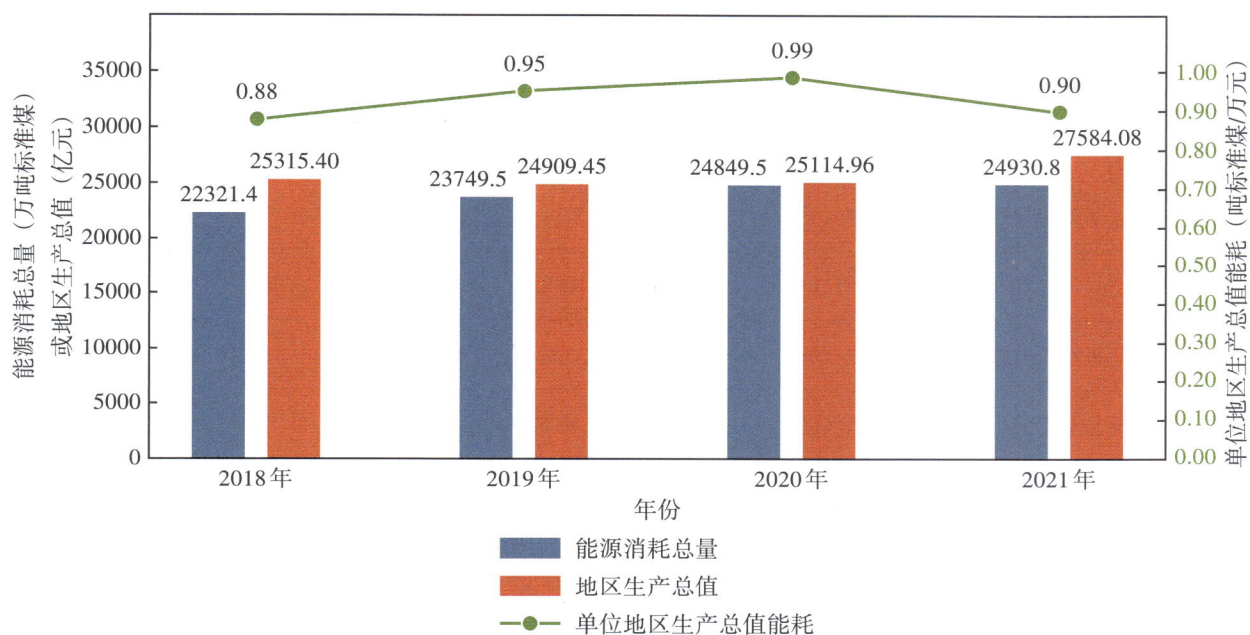

图1-17　2018—2021年辽宁省地区生产总值能耗情况（煤炭价格波动未计入）

二、"一圈一带两区"区域创新能力评价

辽宁省第十三次党代会提出，未来五年辽宁省要创建全国有影响力的科技创新中心，加快构建"一圈一带两区"区域发展格局。按照省推进"一圈一带两区"建设工作领导小组要求，突出沈阳、大连"双核"牵动辐射作用，坚持陆海统筹、内外联动，发挥14个市的比较优势，合理分工、优化发展。根据《辽宁省推进"一圈一带两区"区域协调发展三年行动方案》，沈阳现代化都市圈主要包括沈阳、鞍山、抚顺、本溪、阜新、辽

阳、铁岭7个市及沈抚示范区；辽宁沿海经济带主要包括大连、丹东、锦州、营口、盘锦、葫芦岛6个市；辽西融入京津冀协同发展战略先导区主要包括阜新、朝阳、葫芦岛3个市；辽东绿色经济区包括岫岩满族自治县、凤城市、宽甸满族自治县、本溪满族自治县、桓仁满族自治县、抚顺县、新宾满族自治县、清原满族自治县、西丰县9个县（市），为了数据的可获得性，辽东绿色经济区主要以上述市级数据进行统计与分析。

2021年"一圈一带两区"主要创新指标比较如表1-4所列。

表1-4　2021年"一圈一带两区"主要创新指标比较

指标	沈阳现代化都市圈	辽宁沿海经济带	辽西先导区	辽东绿色经济区
全社会研发经费支出（亿元）	277.80	316.89	17.18	57.33
全社会研发经费支出同比增长率（%）	11.66	12.62	21.20	15.30
全社会研发经费支出与地区生产总值之比（%）	2.13	2.35	0.74	1.10
基础研究经费（亿元）	14.52	22.98	0.69	0.91
基础研究经费同比增长率（%）	8.34	30.39	79.82	1.40
研发人力投入（人年）	64098.0	67779.6	5177.0	12242.0
研发人力投入同比增长率（%）	25.82	20.74	34.71	31.82
规上工业企业研发经费支出（亿元）	149.77	210.84	13.16	47.31
规上工业企业研发经费支出同比增长率（%）	12.65	5.48	−1.84	23.31
高新技术企业数（家）	4465	4112	332	1108
高新技术企业数同比增长率（%）	28.05	24.30	23.88	15.30
实际使用外资额（万美元）	94091	223189	4354	9929
实际使用外资额同比增长率（%）	6.52	80.57	−40.45	−12.02
发明专利拥有量（件）	30635	24620	1758	7029
发明专利拥有量同比增长率（%）	15.09	17.37	7.99	9.54
技术输入合同成交额（亿元）	238.11	259.20	51.38	62.93
技术输入合同成交额同比增长率（%）	11.85	41.20	−7.53	13.42
技术输出合同成交额（亿元）	381.54	366.91	15.39	35.02

表1-4（续）

指标	沈阳现代化都市圈	辽宁沿海经济带	辽西先导区	辽东绿色经济区
技术输出合同成交额同比增长率（%）	11.71	28.45	27.63	26.39
财政科技支出（亿元）	26.70	25.49	1.14	2.25
财政科技支出同比增长率（%）	0.19	-6.33	14.48	-26.76

（一）沈阳现代化都市圈综合创新能力进一步提升

沈阳现代化都市圈建设是辽宁省委、省政府推进区域协调发展的重大战略举措，是"十四五"时期辽宁振兴发展的重点工作任务。沈阳现代化都市圈定位于支持沈阳市发挥创新引领作用，建设综合性国家科学中心，支持其他地区结合自身特色，确定定位清晰、功能互补、特色突出的科技创新任务，打造全省科技创新的"核心区"。

沈阳现代化都市圈内集聚了全省近60%的科技创新资源。如表1-4所列，从R&D经费来看，2021年沈阳现代化都市圈全社会研发经费支出达277.80亿元，占全省的近1/2，同比增长11.66%；全社会研发经费支出与地区生产总值之比为2.13%。但是，沈阳现代化都市圈的基础研究经费占研发经费比重由2020年的5.39%下降到5.23%。从创新人才来看，2021年沈阳现代化都市圈研发人力投入达64098.0人年，同比增长25.82%，占全省的48.08%。从企业创新来看，2021年沈阳现代化都市圈规上工业企业研发经费支出达149.77亿元，同比增长12.65%；高新技术企业4465家，超过全省的1/2。

（二）辽宁沿海经济带优势进一步凸显

辽宁沿海经济带是沈大"双核驱动"的重要一极，是支撑辽宁振兴发展的重要区域，更是东北地区开放合作的重要窗口。辽宁沿海经济带定位于科学统筹沿海经济带各市的科技创新空间和产业承载空间，以大连市为龙头，对沿海6个市差异化布局、集中式发展，结合区位优势、资源禀赋、产业基础等条件，打造"一盘棋"的创新图谱。

以大连市为龙头的辽宁沿海经济带科技创新资源多，创新活力强，创新动能足。如表1-4所列，从实际使用外资额来看，2021年辽宁沿海经济带实际使用外资额达223189万美元，占全省的69.82%，同比增长80.57%，是引领东北开放合作的新高地。从创新人才来看，2021年辽宁沿海经济带研发人力投入达到67779.6人年，占全省的50.84%，略高于沈阳现代化都市圈，同比增长20.74%。从创新产出来看，2021年辽宁沿海经济带发明专利拥有量为24620件，接近全省总量的一半，同比增长17.37%；技术输入/输出合同成交额同比分别增长41.20%和28.45%，技术交易活跃。从企业创新来看，2021年辽宁沿海经济带规上工业企业研发经费支出达到210.84亿元，同比增长5.48%；高新技术企业4112家，占全省高新技术企业的47.15%。辽宁省沿海经济带进一步强化了企业创新主体地位，促进各类创新要素向企业集聚，积极培育具有国际竞争力的科技型企业。

（三）辽西融入京津冀协同发展战略先导区发展潜力进一步加大

辽西融入京津冀协同发展战略先导区（以下简称辽西先导区）建设是辽宁主动融入国家重大区域战略的重要体现。辽西先导区定位于全方位加强科技开放合作，支持辽西先导区与京津冀、沈阳现代化都市圈、辽宁沿海经济带"三地"产业链共建、供应链共享、价值链共创，推动辽西先导区结构优化；推动阜新市、朝阳市、葫芦岛市高新区扩能增效，接受京津冀地区的技术溢出和技术辐射，促进辽西先导区建设。

辽西先导区毗邻京津冀，是与京津冀地区产业对接合作领域不断拓展、区域协同创新能力不断提升的核心枢纽。如表1-4所列，从R&D经费来看，2021年辽西先导区全社会研发经费支出和财政科技支出同比分别增长21.20%和14.48%；全社会研发经费支出与地区生产总值之比为0.74%；基础研究经费虽然仅为0.69亿元，但同比增长79.82%；实际使用外资额较2020年大幅下降，下降幅度为40.45%。从创新人才来看，2021年辽西先导区研发人力投入为5177.0人年，仅占全省的3.88%，但同比增长率达到34.71%，创新人才发展空间巨大。从企业创新及创新产出来看，2021年辽西先导区发明专利拥有量增长幅度为7.99%；技术输入合同成交额同比下降7.53%，而技术输出合同成交额同比上涨27.63%，技术输入有待进一步加强；规上工业企业研发经费支出同比下降1.84%，须引起各市政府部门的关注。

（四）辽东绿色经济区规上企业迸发新活力

辽东绿色经济区是支撑辽宁振兴发展的重要区域，是区域科技创新的重要支点。辽东绿色经济区定位于支持各市根据地方产业特色，大力发展清洁能源产业、农产品加工业，切实做好产业转换，增强辽东绿色经济区活力，建成重点生态功能区、绿色产业集聚区、全域旅游示范区，打造全省生态文明建设样板区。

辽东绿色经济区全面绿色发展，是全省探索生态产品价值实现的重大举措，是实现零碳增长、助力碳中和的实践探索。如表1-4所列，2021年辽东绿色经济区财政科技支出为2.25亿元，同比下降26.76%，但规上工业企业研发经费支出同比增长率提高了23.31%，可以看出，辽东绿色经济区规上工业企业在财政科技支出减少的情况下，仍然在持续加大研发经费的投入。

第二章　辽宁省城市创新能力各级指标评价

■ 一、城市创新能力评价

（一）城市创新能力评价排名

基于辽宁省区域创新能力评价体系，结合辽宁省各市数据的可获得性及城市之间的可比性，得到2021年辽宁省14个市的城市创新能力评价指数。指数排序如图2-1所示。

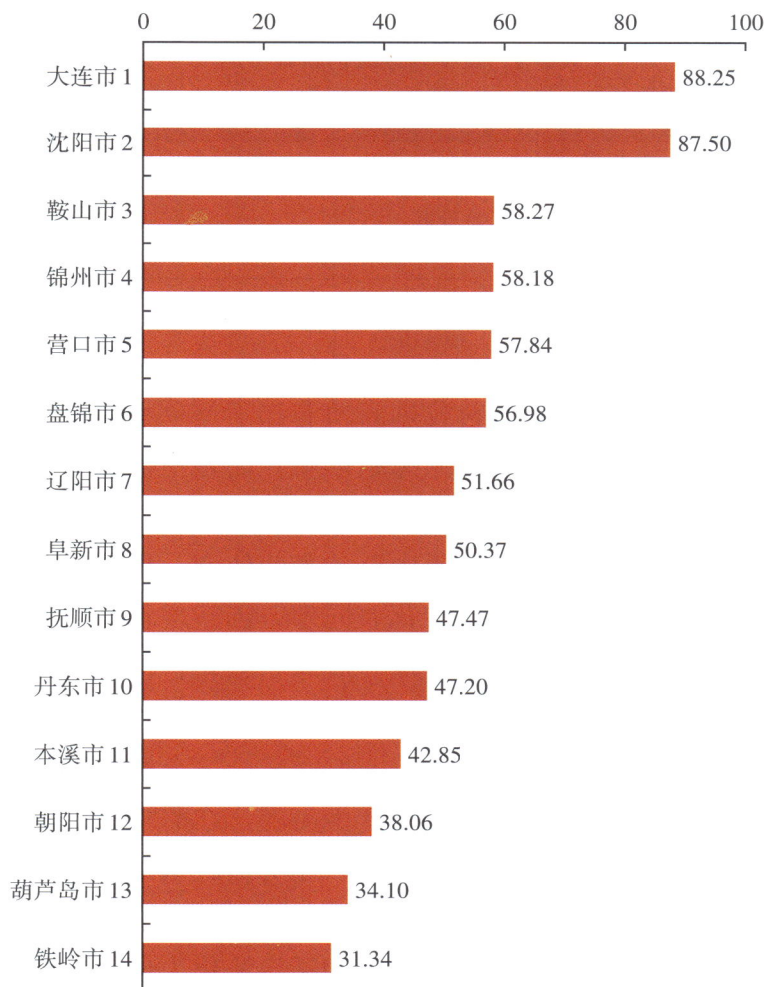

城市	指数
大连市 1	88.25
沈阳市 2	87.50
鞍山市 3	58.27
锦州市 4	58.18
营口市 5	57.84
盘锦市 6	56.98
辽阳市 7	51.66
阜新市 8	50.37
抚顺市 9	47.47
丹东市 10	47.20
本溪市 11	42.85
朝阳市 12	38.06
葫芦岛市 13	34.10
铁岭市 14	31.34

图2-1　2021年辽宁省城市创新能力评价指数排序

由图 2-1 可知，2021 年辽宁省城市创新能力评价排名前 2 位的依次是大连市、沈阳市。其中，大连市和沈阳市创新资源相对富集、创新创业生态良好、创新成果丰富，科技创新成为经济社会发展的核心驱动力，对周边地区创新发展具有良好的示范带动作用。排名第 3~5 位的分别是鞍山市、锦州市和营口市。

从地区分布来看，2021 年辽宁省城市创新能力评价排名呈现"头部优势"的态势。排名前 2 位的大连市和沈阳市在创新能力评价指数上大幅领先其他 12 个市。

辽宁省 14 个市的人均 GDP 与创新能力指数散点图如图 2-2 所示。由图 2-2 可以看出，绝大部分城市经济发展水平与创新能力成正向相关关系（分布在趋势线附近），即城市的创新能力越强，经济发展水平越高。其中较为突出的是盘锦市和大连市，这 2 个市的人均 GDP 均高于其他 12 个市，其创新能力指数仍具有较大的提升空间。

（二）城市创新能力分类评价

课题组依据主体创新功能（创新能级）的不同，以及各城市在辽宁省区域发展战略中的定位，将 14 个市分为创新策源地、创新增长极和创新应用区三大类（见表 2-1）。

表 2-1　辽宁省区域创新城市定位

类别	城市	分类标准
创新策源地（2个）	大连市、沈阳市	高校及科研院所较多，原始创新力排名靠前
创新增长极（6个）	锦州市、盘锦市、营口市、鞍山市、辽阳市、阜新市	高新技术企业较多，技术创新力排名靠前
创新应用区（6个）	抚顺市、本溪市、丹东市、葫芦岛市、朝阳市、铁岭市	原始创新力和技术创新力相对弱

需要说明的是，任何一个城市的科技创新功能都不是单一的，一个城市的主体创新功能是原始创新，并不意味着该城市只做原始创新，而是指该城市具备开展前沿基础研究和关键核心技术攻关的条件和能力，应当在全省创新发展过程中承担起实现"创新主动权、发展主动权必须牢牢掌握在自己手中"的光荣使命。创新策源地要根据自身经济和人口承载力情况开展技术创新和成果转化。同理，创新增长极和创新应用区要根据自身条件和产业发展的需要，在特色优势领域开展原始创新，但原始创新显然不是当前这两类城市最为重要的主体创新功能。

此外，城市的分类也不是一成不变的。一般而言，一个城市的优势特色产业发展到一定阶段后，会对该产业或领域的原始创新产生需求。在需求牵引下，城市会通过不断完善重大科技基础设施、引进和培育高端科研人才等措施来增强其原始创新力，以源头创新造就产业核心竞争力，在激烈的全球竞争中，始终引领潮流，立于不败之地。随着原始创新力的不断增强，一些创新增长极城市会逐步演化为创新策源地；同理，一些创新集聚区城市也会逐步向创新增长极和创新策源地演化。

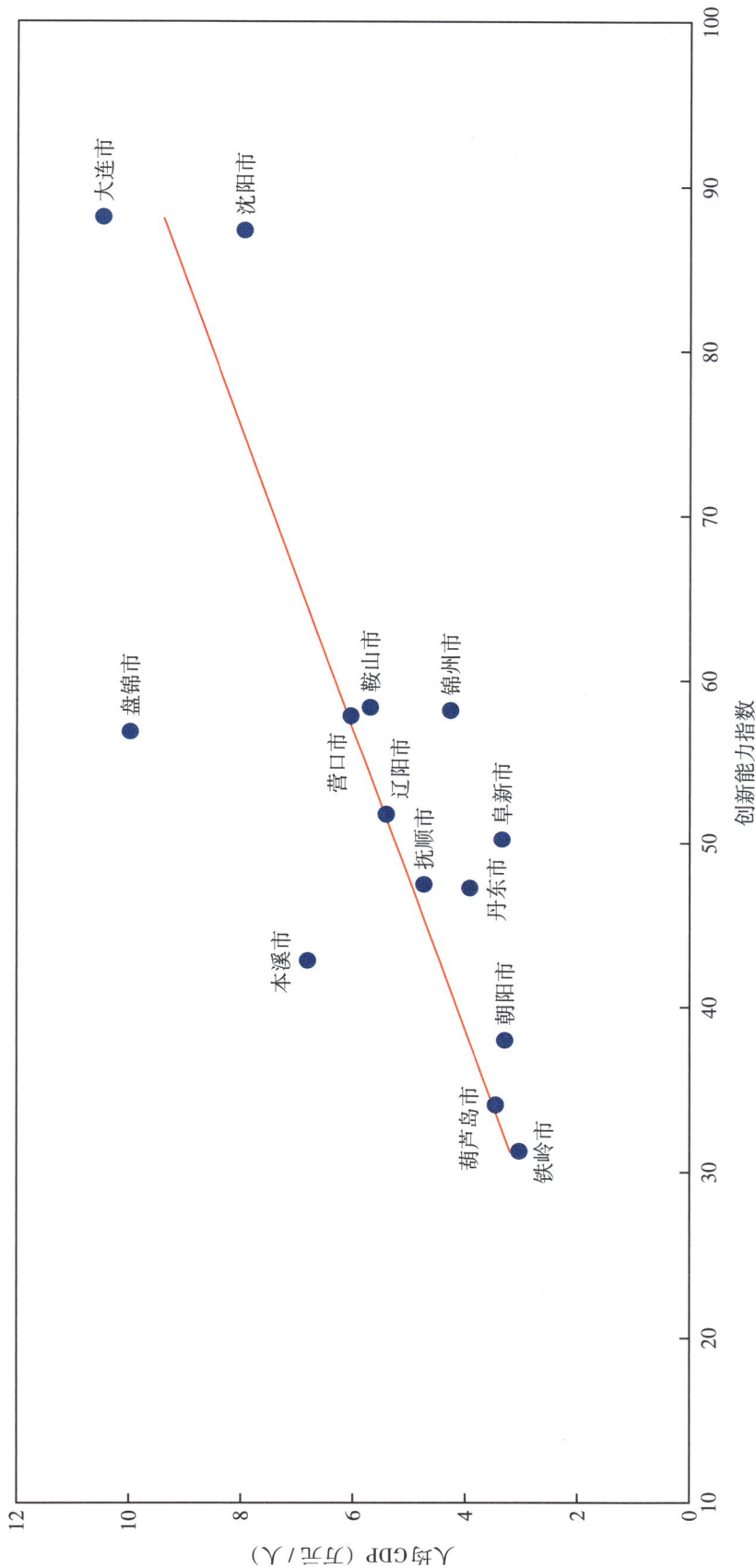

图 2-2　人均 GDP 与创新能力指数散点图

1. 创新策源地

创新策源地主要指科教资源富集、高端人才聚集的城市。该类城市要强化原始创新功能，以便在事关辽宁省未来发展的战略必争领域占领制高点。

大连市和沈阳市是辽宁省的2个创新策源地城市，2021年其创新能力指数排序如图2-3所示。其中，大连市在创新策源地城市创新能力指数排序中位列第1。

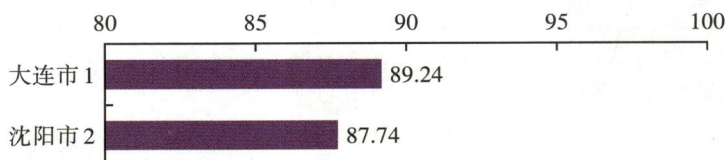

图2-3　2021年辽宁省创新策源地城市创新能力指数排序

2021年辽宁省创新策源地城市原始创新力有关指标见表2-2。从全社会研发经费支出与地区生产总值之比来看，大连市略高于沈阳市；从基础研究经费占研发经费比重来看，大连市高于沈阳市2.88个百分点。在与创新策源地城市原始创新力有关的4个指标中，大连市在基础研究经费投入比重、全社会研发经费支出与地区生产总值之比、万名就业人员中研发人员数方面高于沈阳市，但在高水平科技成果数方面与沈阳市存在一定的差距。

表2-2　2021年辽宁省创新策源地城市原始创新力有关指标

城市	全社会研发经费支出与地区生产总值之比（%）	基础研究经费占研发经费比重（%）	万名就业人员中研发人员数（人年/万人）	高水平科技成果数（项当量）
大连市	3.02	8.90	156.22	77.99
沈阳市	2.97	6.02	142.34	83.64

2. 创新增长极

创新增长极主要指市场化程度较高、企业创新资源丰富的城市。该类城市要强化技术创新功能，培育壮大战略新兴产业，打造产业技术创新高地。

鞍山市、锦州市、营口市、盘锦市、辽阳市、阜新市是辽宁省的6个创新增长极城市，2021年其创新能力指数排序如图2-4所示。

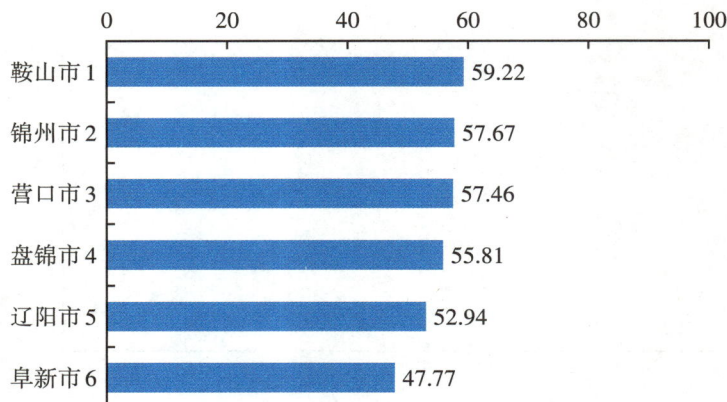

图2-4　2021年辽宁省创新增长极城市创新能力指数排序

2021年辽宁省创新增长极城市技术创新力有关指标见表2-3。从企业研发强度来看，营口市规上工业企业研发经费支出与主营业务收入之比高于其他5个市，稍显优势；从技术创新主体来看，鞍山市高新技术企业数超过400家，营口市次之，为338家；从国家高新区经济发展情况（即国家高新区营业收入与地区生产总值之比）来看，辽阳市国家高新技术产业开发区发展较为突出；从有商业价值的科技成果产出（即万人发明专利拥有量）来看，鞍山市表现更为突出（见表2-3）。

表2-3 2021年辽宁省创新增长极城市技术创新力有关指标

城市	规上工业企业研发经费支出与主营业务收入之比（%）	高新技术企业数（家）	国家高新区营业收入与地区生产总值之比（%）	万人发明专利拥有量（件/万人）	技术输出合同成交额与地区生产总值之比（%）
鞍山市	0.57	411	48.88	13.01	0.74
锦州市	0.55	181	29.05	4.03	1.78
营口市	0.87	338	49.79	3.84	0.60
盘锦市	0.68	180	0.00	6.78	0.51
辽阳市	0.42	166	82.25	3.41	1.01
阜新市	0.55	93	49.97	5.16	1.04

3. 创新应用区

创新应用区主要指科技资源匮乏、经济发展靠后的城市。该类城市要强化创新资源聚集和成果转化功能，加快科技成果在生态保护、特色产业发展、人民健康福祉方面的推广应用，打造创新要素聚集和新技术新产品应用示范区。

丹东市、抚顺市、本溪市、葫芦岛市、朝阳市、铁岭市是辽宁省的6个创新应用区城市，2021年其创新能力指数排序如图2-5所示。

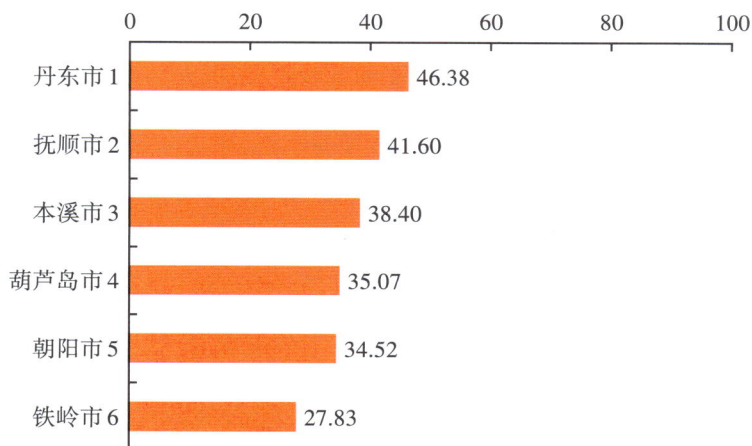

图2-5 2021年辽宁省创新应用区城市创新能力指数排序

2021年辽宁省创新应用区城市成果转化力有关指标见表2-4。从技术购买来看，葫芦岛市表现抢眼，技术输入合同成交额与地区生产总值之比达到3.44%；从高水平科技企业孵化基地和新增在孵企业数来看，丹东市较多，国家级科技企业孵化器、大学科技园新增在孵企业为7家；从新产品开发来看，葫芦岛市表现突出，规上工业企业新产品销售收入与主营业务收入之比为28.69%，丹东市次之。

表2-4　2021年辽宁省创新应用区城市成果转化力有关指标

城市	技术输入合同成交额与地区生产总值之比（%）	国家级科技企业孵化器、大学科技园、双创示范基地数（个）	国家级科技企业孵化器、大学科技园新增在孵企业数（家）	上市科技型中小企业数（家）	规上工业企业新产品销售收入与主营业务收入之比（%）
丹东市	0.49	3	7	0	14.38
抚顺市	0.51	1	0	0	9.13
本溪市	1.21	1	0	0	8.51
葫芦岛市	3.44	0	0	0	28.69
朝阳市	1.45	0	0	0	13.41
铁岭市	0.49	2	0	0	5.77

二、城市创新能力一级指标评价

城市创新综合能力在一级指标构成上，兼顾地区发展的实力，以客观、真实、动态、多角度评价各市科技创新水平，全面衡量创新发展的成效和进展。从创新综合能力评价指标结果来看，沈阳市、大连市和鞍山市创新综合能力指数居辽宁省前3位（表2-5），全省其他市与沈阳市、大连市差距明显，创新发展差异度仍旧凸显，区域协同创新体系发展空间巨大。

表2-5　2021年辽宁省各市创新能力一级指标情况

城市	创新能力									
	创新治理力		原始创新力		技术创新力		成果转化力		创新驱动力	
	指数	排名	指数	排名	指数	排名	指数	排名	指数	排名
沈阳市	92.43	1	93.55	1	98.29	1	86.39	1	66.80	2
大连市	91.17	2	91.22	2	95.64	2	76.89	2	86.31	1
鞍山市	49.92	9	62.64	3	64.75	3	57.33	6	56.71	6
抚顺市	52.71	8	62.45	4	48.29	8	26.01	12	47.89	10

表2-5（续）

城市	创新能力									
	创新治理力		原始创新力		技术创新力		成果转化力		创新驱动力	
	指数	排名	指数	排名	指数	排名	指数	排名	指数	排名
本溪市	52.81	7	52.81	11	29.56	12	19.43	13	60.69	4
丹东市	35.44	11	52.68	12	44.28	10	44.42	8	59.16	5
锦州市	55.01	6	58.50	7	60.66	4	67.87	3	48.85	9
营口市	64.36	4	54.36	9	56.69	5	62.82	5	50.97	8
阜新市	45.12	10	58.79	6	49.09	7	65.42	4	33.43	14
辽阳市	60.35	5	53.94	10	52.02	6	37.26	10	54.72	7
盘锦市	73.43	3	51.00	14	45.29	9	51.19	7	63.98	3
铁岭市	26.74	13	52.01	13	16.88	13	16.86	14	44.22	11
朝阳市	29.67	12	58.26	8	36.87	11	29.84	11	35.67	13
葫芦岛市	17.11	14	60.80	5	13.97	14	42.27	9	36.34	12

从一级指标情况来看，沈阳市、大连市创新治理力指数分列全省第1位和第2位，创新治理力指数分别为92.43和91.17；盘锦市紧随其后，创新治理力指数达到73.43，位居全省第3位；营口市、辽阳市齐头并进，排名第4位和第5位，创新治理力指数均超过60；锦州市、本溪市、抚顺市等6个市的创新治理力指数均在30～60；朝阳市、铁岭市和葫芦岛市创新治理力指数低于30。

沈阳市和大连市原始创新力指数居全省前2位，原始创新力指数分别为93.55和91.22；鞍山市、抚顺市和葫芦岛市分别位居第3～5位，原始创新力指数均在60以上；阜新市、锦州市、朝阳市等9个市的原始创新力指数均在50～60，差距不明显。

沈阳市和大连市持续发挥技术创新领头羊作用，技术创新力指数分别达到98.29和95.64，以绝对优势排名全省前2位；鞍山市和锦州市分别位居第3位和第4位，技术创新力指数均在60以上；营口市、辽阳市、阜新市、抚顺市、盘锦市和丹东市6个市的技术创新力指数均在40～60，排名全省第5～10位；朝阳市和本溪市技术创新力指数在29～40；铁岭市和葫芦岛市技术创新力与沈阳市、大连市差距较大，技术创新力指数低于20。

成果转化力指数最高的是沈阳市，指数达到86.39，是该指标综合得分唯一突破80的地区；大连市紧随其后，成果转化力指数达到76.89，位居全省第2位；锦州市、阜新市、营口市齐头并进，排名第3～5位，成果转化力指数均超过60；鞍山市、盘锦市、丹东市和葫芦岛市成果转化力指数在40～60，辽阳市、朝阳市等5个市的成果转化力指数低于40。

在创新驱动力指数方面，大连市表现最为突出，指数达到86.31，排名全省第1位；沈阳市、盘锦市、本溪市创新驱动力指数超过60，排名全省第2～4位；丹东市、鞍山市、辽阳市、营口市、锦州市、抚顺市和铁岭市7个市的创新驱动力指数均在40～60，排名第5～11位；葫芦岛市、朝阳市和阜新市创新驱动力指数低于40。

■ 三、部分区域创新能力二级指标评价

（一）全社会研发经费支出与地区生产总值之比

2021年，辽宁省全社会研发经费支出与地区生产总值之比为2.18%。从各市来看，全社会研发经费支出与地区生产总值之比排名前3位的分别是大连市、沈阳市和盘锦市。与2020年相比，锦州市、阜新市和鞍山市全社会研发经费支出与地区生产总值之比提升较明显，本溪市、辽阳市和盘锦市该指标下降较明显（见图2-6）。

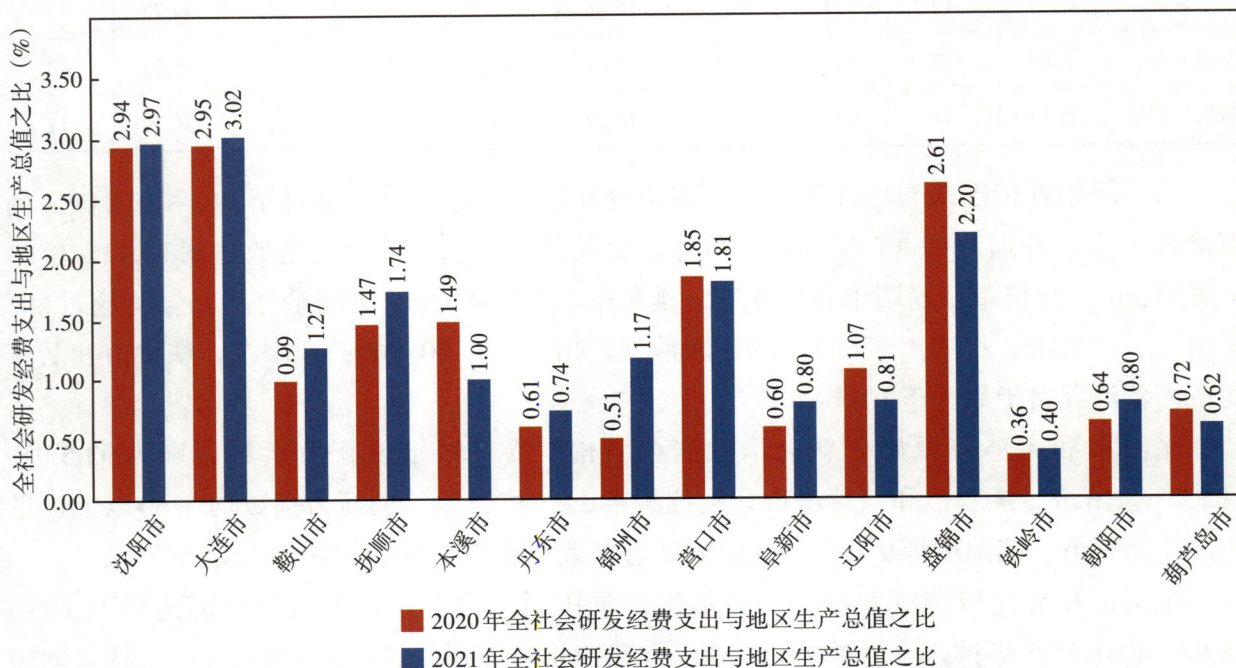

图2-6　2020，2021年全社会研发经费支出与地区生产总值之比比较

（二）财政科技支出占公共财政支出比重

2021年，辽宁省财政科技支出占公共财政支出比重为1.33%，较2020年提高了0.12个百分点。从各市来看，沈阳市和大连市的财政科技支出占公共财政支出比重高于全省平均水平。与2020年相比，沈阳市、抚顺市、本溪市、锦州市、营口市、辽阳市、盘锦市、朝阳市和葫芦岛市9个市中该指标有所提升，其中葫芦岛市涨幅较大，是2020年的1.83倍。其他市该指标均出现不同程度的下降（见图2-7）。

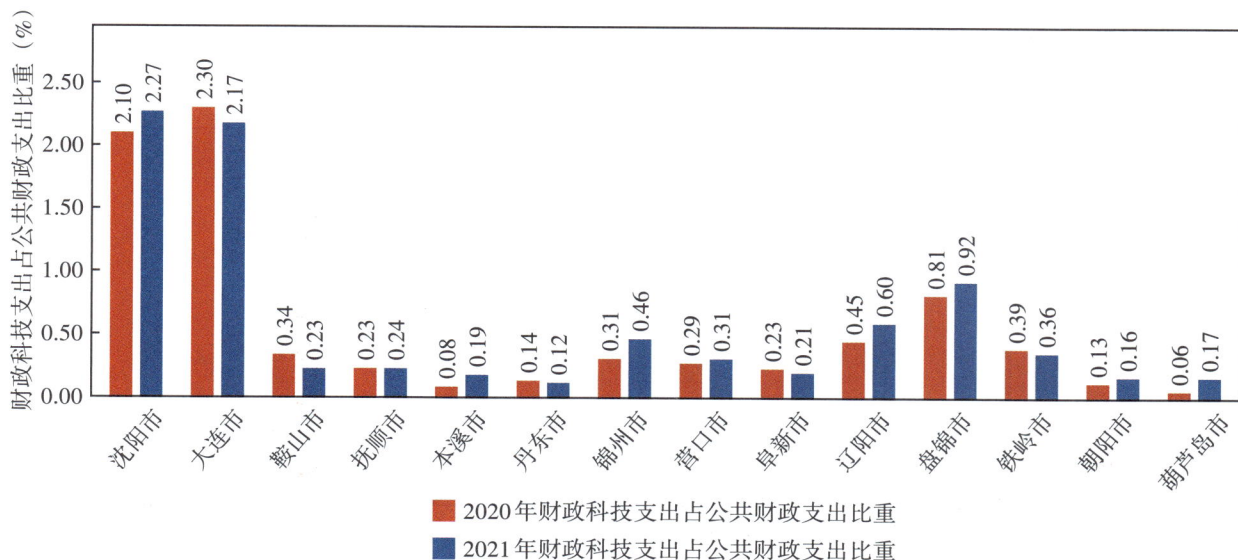

图 2-7 2020，2021年财政科技支出占公共财政支出比重比较

（三）万名就业人员中研发人员数

2021年，辽宁省万名就业人员中研发人员数指标值最高的城市是大连市，达到156.22人年/万人，其次为沈阳市142.34人年/万人，盘锦市排名第3位。与2020年相比，辽宁省多数城市万名就业人员中研发人员数指标呈增长趋势，其中锦州市、阜新市和沈阳市该指标值增长较明显，辽阳市和铁岭市该指标值略有下降（见图2-8）。

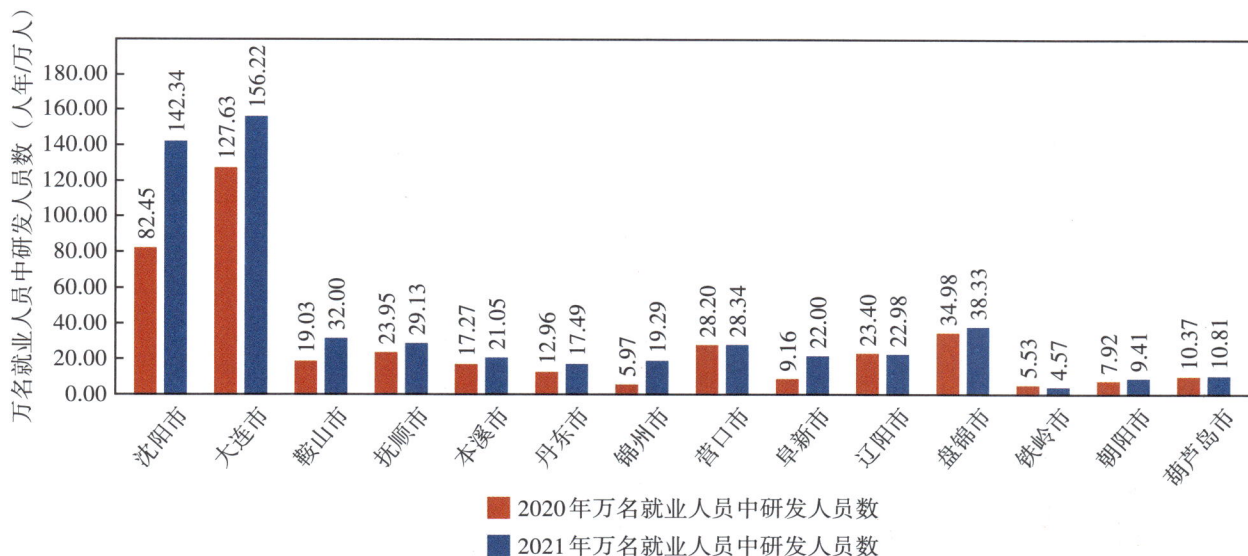

图 2-8 2020，2021年万名就业人员中研发人员数比较

（四）人均实际使用外资额

2021年，辽宁省人均实际使用外资额指标值最高的市是盘锦市，达到346.70美元/人；

其次为大连市和沈阳市。与2020年相比，大连市人均实际使用外资额增幅明显，同比增长达到1.59倍；盘锦市该指标同比下降11.23%（见图2-9）。

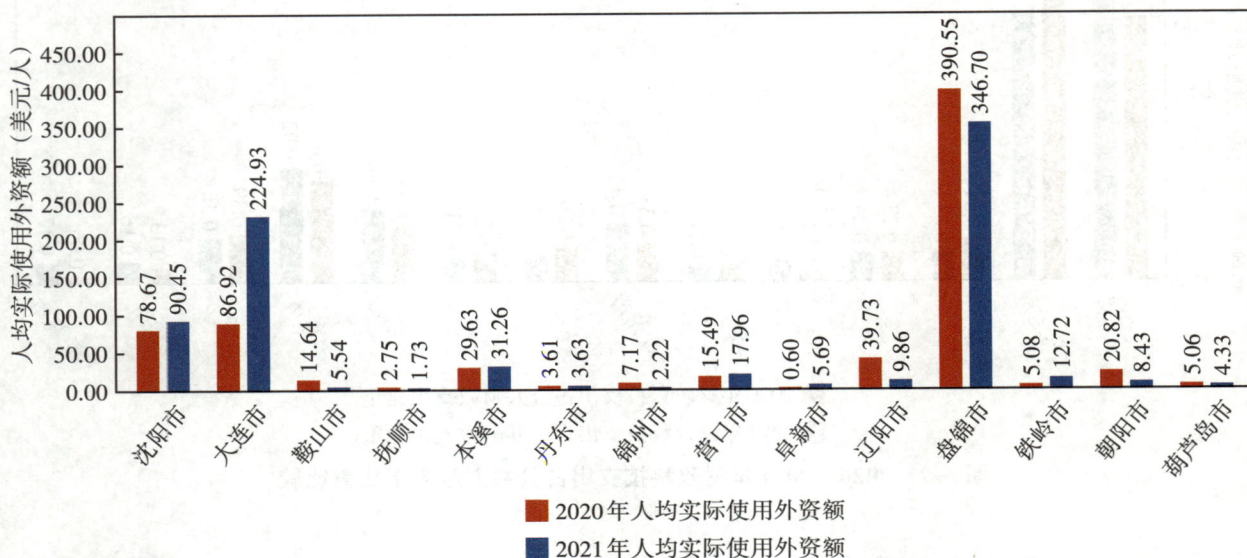

图2-9　2020，2021年人均实际使用外资额比较

（五）基础研究经费占研发经费比重

2021年，辽宁省基础研究经费占研发经费比重指标值最高的城市是阜新市，达到14.26%；其次为锦州市，达到14.00%；大连市和沈阳市分别排名第3位和第4位。与2020年相比，阜新市基础研究经费占研发经费比重涨幅明显；沈阳市、鞍山市、抚顺市、本溪市、锦州市、辽阳市和葫芦岛市该指标有所下降，下降幅度最大的是葫芦岛市，较2020年下降了73.38%（见图2-10）。

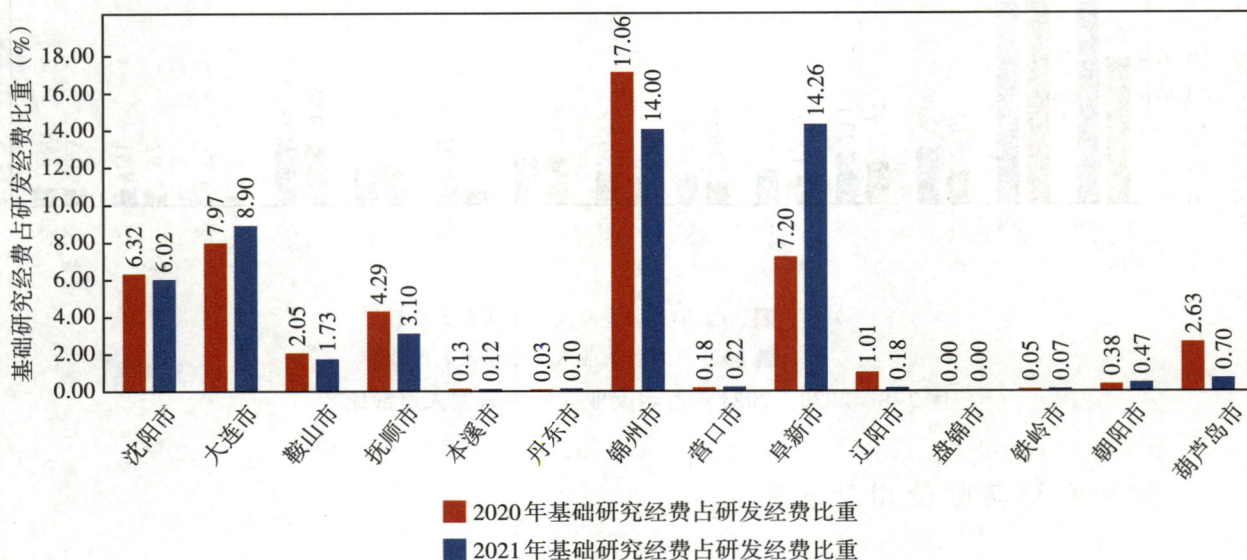

图2-10　2020，2021年基础研究经费占研发经费比重比较

（六）规上工业企业研发经费支出与主营业务收入之比

2021年，辽宁省规上工业企业研发经费支出与主营业务收入之比为1.00%，较2020年降低了0.09个百分点。从各市来看，规上工业企业研发经费支出与主营业务收入之比指标值最高的大连市为1.68%，其次为沈阳市，抚顺市排名第3位。与2020年相比，沈阳市、大连市、鞍山市、铁岭市和朝阳市5个市的规上工业企业研发经费支出与主营业务收入之比有所提升。其中，朝阳市涨幅最大，同比增长87.88%；抚顺市、本溪市和丹东市等9个市该指标较2020年有所下降（见图2-11）。

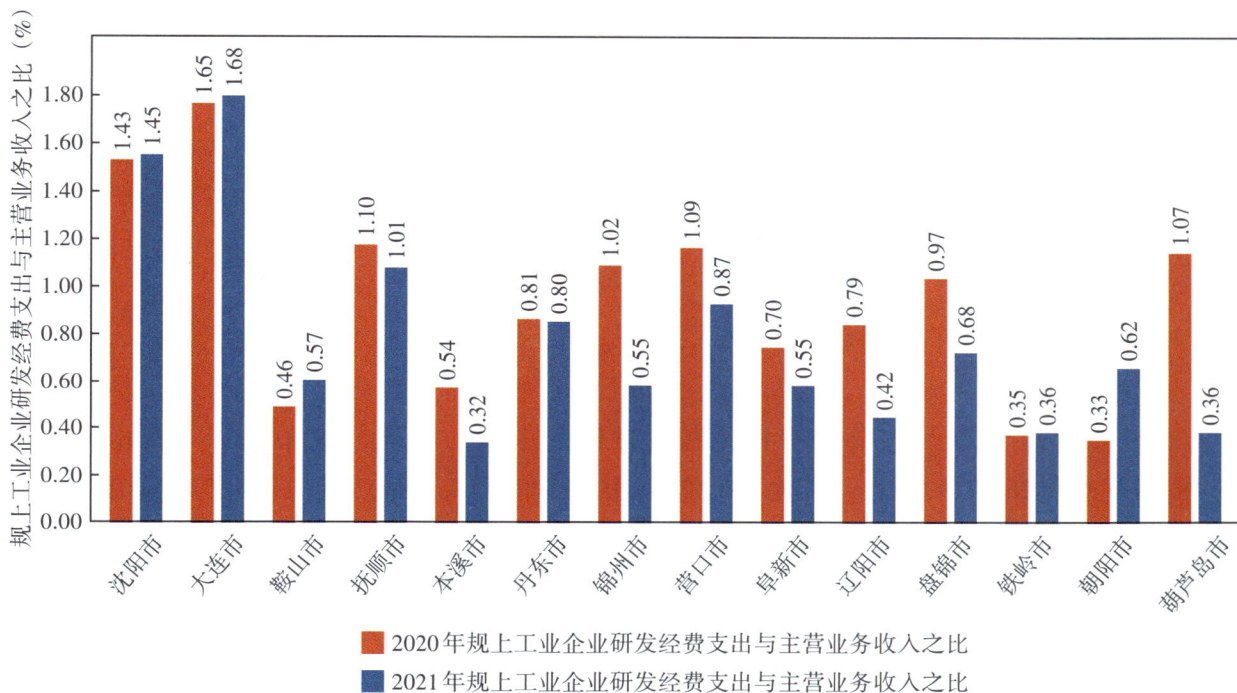

图2-11　2020，2021年规上工业企业研发经费支出与主营业务收入之比比较

（七）高新技术企业数

2021年，辽宁省高新技术企业数为8721家，较2020年增加了1815家。从各市来看，沈阳市和大连市高新技术企业数排名全省前2位，高新技术企业数分别为3360家和3056家。与2020年相比，全省14个市的高新技术企业数均呈现增长态势。其中，沈阳市、大连市的增加值较为突出，分别增加了812家和644家，其他12个市该指标均有不同程度的增加（见图2-12）。

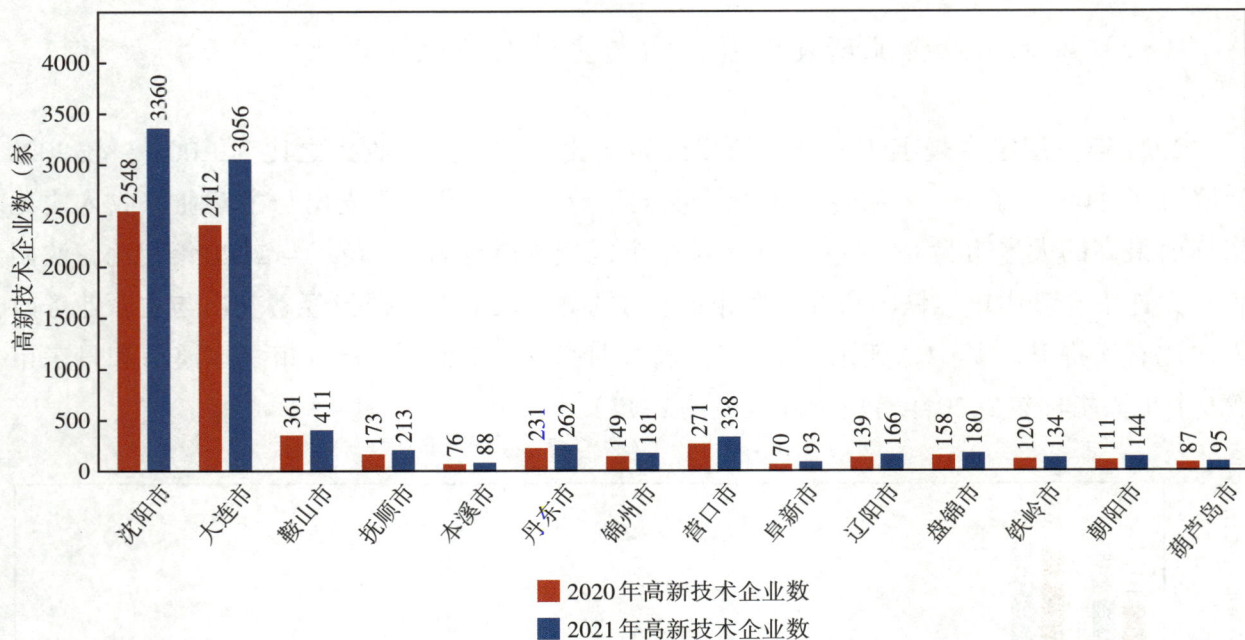

图 2-12　2020，2021年高新技术企业数比较

（八）万人发明专利拥有量

2021年，辽宁省万人发明专利拥有量指标差距较为明显，沈阳市和大连市分别为25.48件/万人和26.97件/万人，其他各市均未超过15件/万人。虽然其他各市与沈阳市和大连市差距较大，但是全省14个市的万人发明专利拥有量均实现了不同比例的增长（见图2-13）。

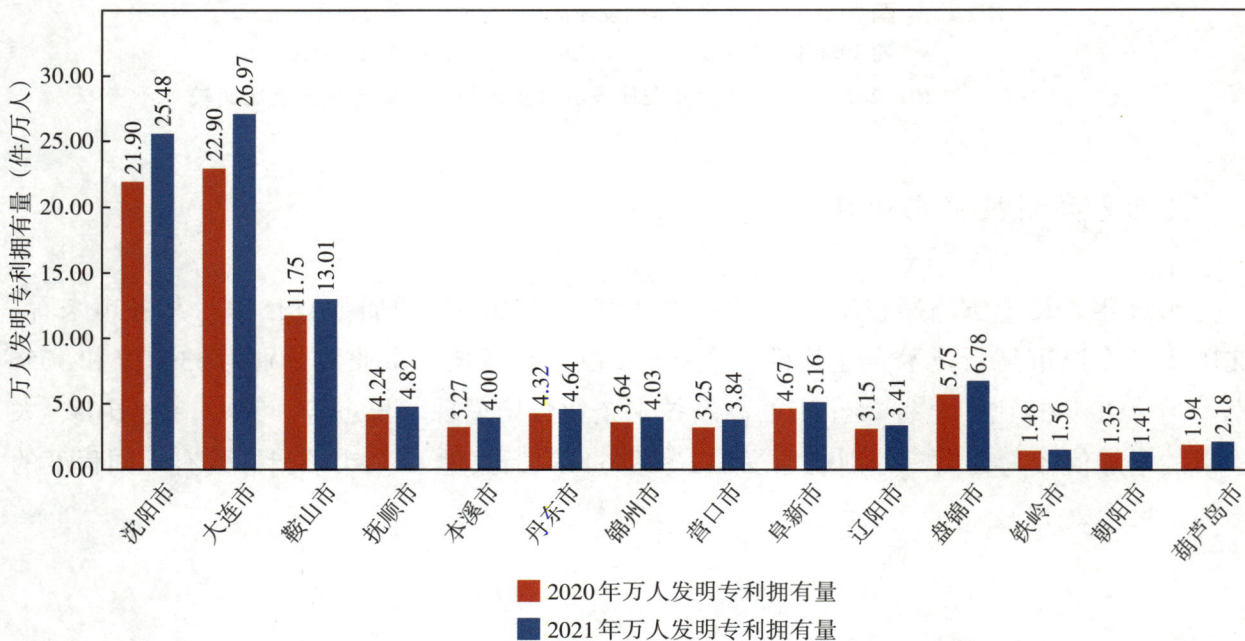

图 2-13　2020，2021年万人发明专利拥有量比较

（九）技术输出合同成交额与地区生产总值之比

2021年，辽宁省技术输出合同成交额与地区生产总值之比指标值最高的3个市分别是沈阳市、大连市和锦州市，指标值分别为4.64%，4.14%，1.78%。与2020年相比，在人均地区生产总值与2020年基本持平的状态下，多数城市该指标值均实现了不同程度的增长，技术市场建设取得了长足的进步。其中，丹东市同比增长80.77%，技术市场表现活跃（见图2-14）。

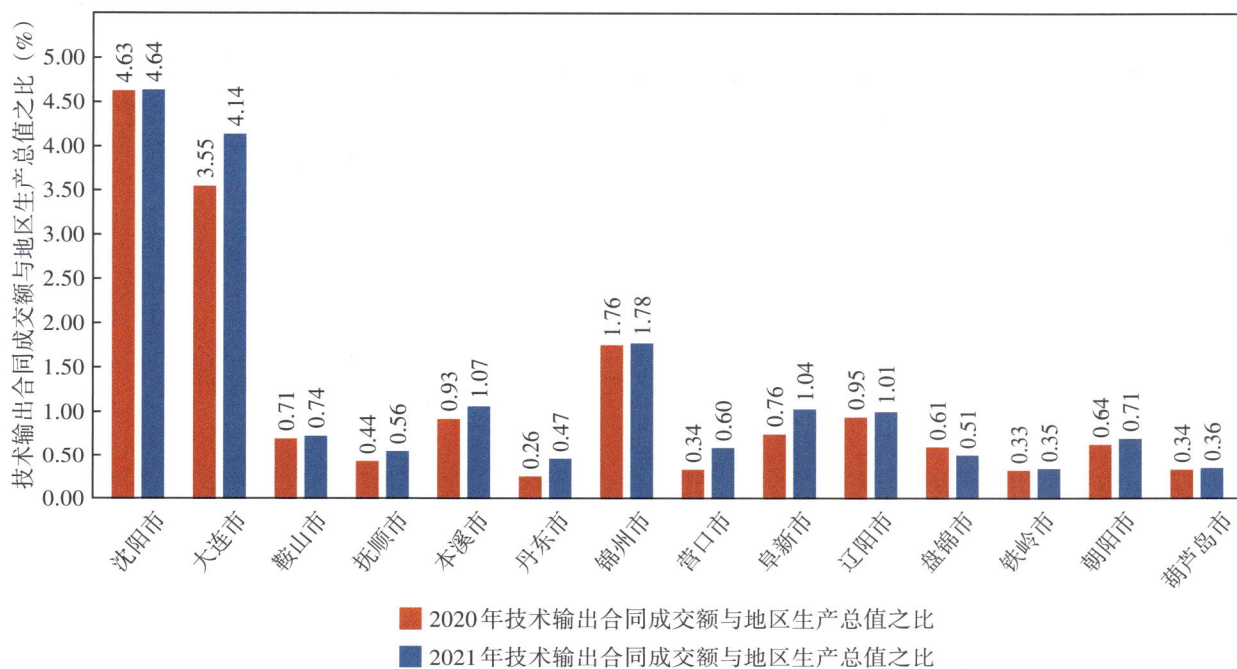

图2-14　2020，2021年技术输出合同成交额与地区生产总值之比比较

（十）技术输入合同成交额与地区生产总值之比

2021年，辽宁省技术输入合同成交额与地区生产总值之比指标值最高的3个市分别是葫芦岛市、锦州市和盘锦市，指标值分别为3.44%，3.14%，2.62%。与2020年相比，在人均地区生产总值与上年基本持平的状态下，多数城市技术输入合同成交额与地区生产总值之比都有所上升。其中，鞍山市、阜新市、大连市和锦州市等城市提升较快，鞍山市和阜新市同比涨幅分别为1.83倍和1.27倍，锦州市和大连市同比增长61.86%和67.89%，技术升级需求较强烈，技术交易市场更加活跃（见图2-15）。

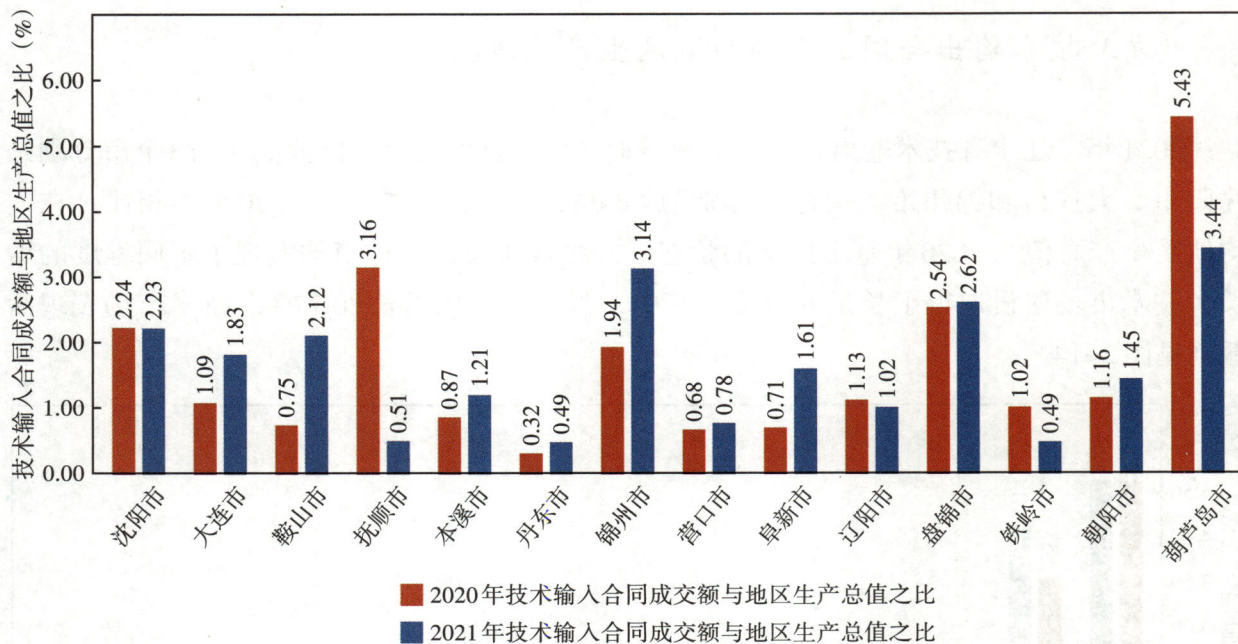

图 2-15　2020，2021 年技术输入合同成交额与地区生产总值之比比较

（十一）国家级科技企业孵化器、大学科技园新增在孵企业数

2021 年，辽宁省国家级科技企业孵化器、大学科技园新增在孵企业数为 707 家，较 2020 年减少了 5 家。从各市来看，沈阳市和大连市该指标值排名全省前 2 位，新增在孵企业数分别为 295 家和 240 家。与 2020 年相比，锦州市、鞍山市和大连市新增在孵企业数增长态势较明显，沈阳市新增在孵企业数较上年稍有减少（见图 2-16）。

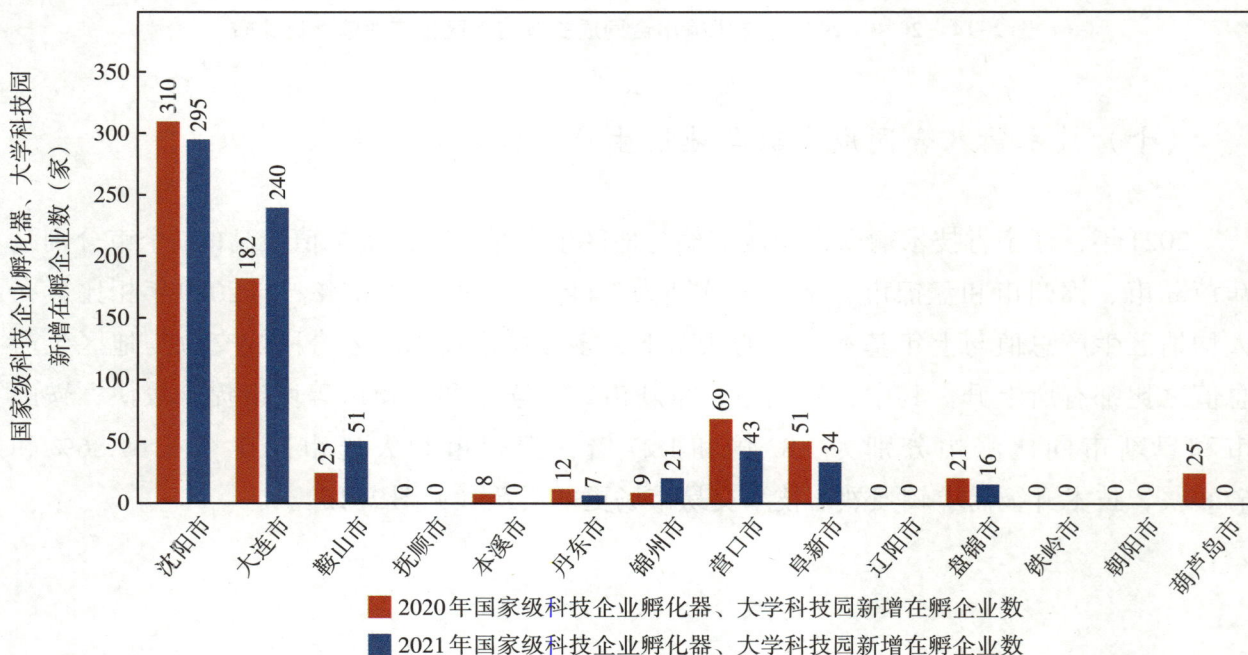

图 2-16　2020，2021 年国家级科技企业孵化器、大学科技园新增在孵企业数比较

（十二）高新技术企业营业收入与规上工业企业主营业务收入之比

2021年，辽宁省高新技术企业营业收入与规上工业企业主营业务收入之比指标值最高的城市是丹东市，达到48.56%；沈阳市紧随其后；抚顺市、营口市分别排名第3位和第4位。与2020年相比，沈阳市、鞍山市、抚顺市等8个市的高新技术企业营业收入与规上工业企业主营业务收入之比实现增长，其中抚顺市、朝阳市和铁岭市涨幅较明显，涨幅分别为15.27%，12.98%，11.20%（见图2-17）。

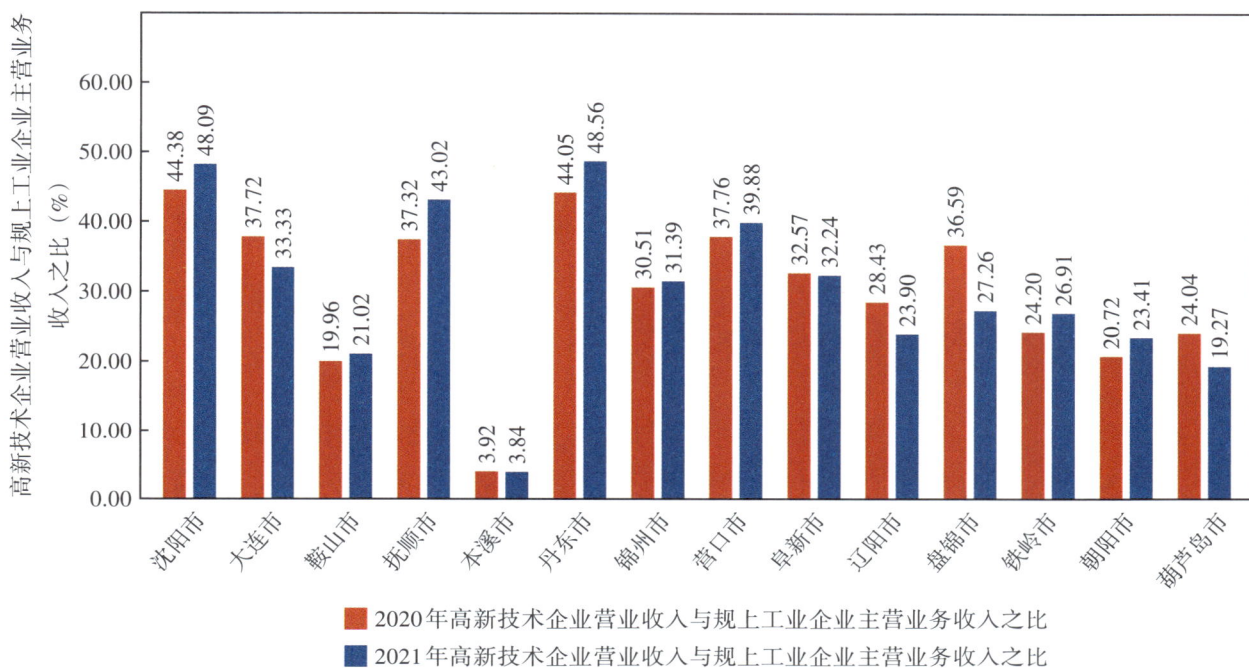

图2-17 2020，2021年高新技术企业营业收入与规上工业企业主营业务收入之比比较

（十三）规上工业企业新产品销售收入与主营业务收入之比

2021年，辽宁省规上工业企业新产品销售收入与主营业务收入之比指标值最高的城市是葫芦岛市，达到28.69%；其次为沈阳市；营口市和丹东市分列第3位和第4位。与2020年相比，鞍山市、抚顺市、朝阳市等8个市该指标实现增长，其中朝阳市、抚顺市和阜新市该指标涨幅较明显，涨幅分别为2.23倍、1.19倍和92.27%，其他各市规上工业企业新产品销售收入仍有较大提升空间（见图2-18）。

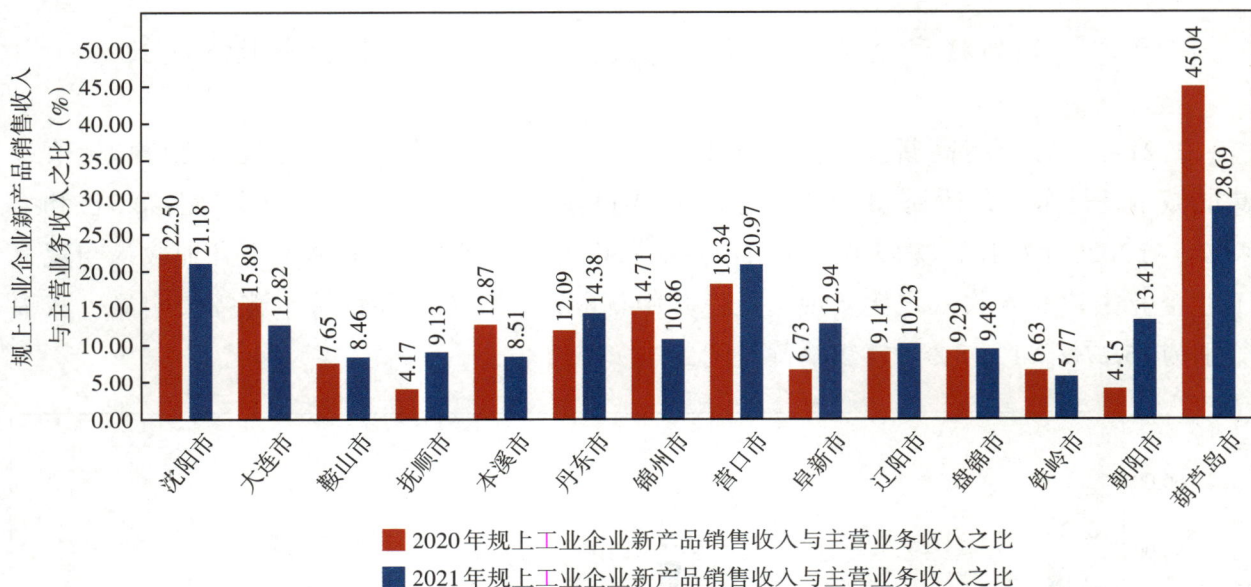

图2-18　2020，2021年规上工业企业新产品销售收入与主营业务收入之比比较

（十四）国家高新区营业收入与地区生产总值之比

2021年，辽宁省国家高新区营业收入与地区生产总值之比指标值最高的城市是辽阳市，达到82.25%，远超其他各市（仅比较辽宁省内的8个国家级高新区），高新技术产业所占比重远超其他13个市。与2020年相比，沈阳市、大连市、锦州市、营口市和阜新市国家高新区营业收入与地区生产总值之比均有上涨。其中，大连市和营口市国家高新区营业收入与地区生产总值之比指标值涨幅较明显，大连市上涨40%；鞍山市、本溪市和辽阳市较2020年稍有下降（见图2-19）。

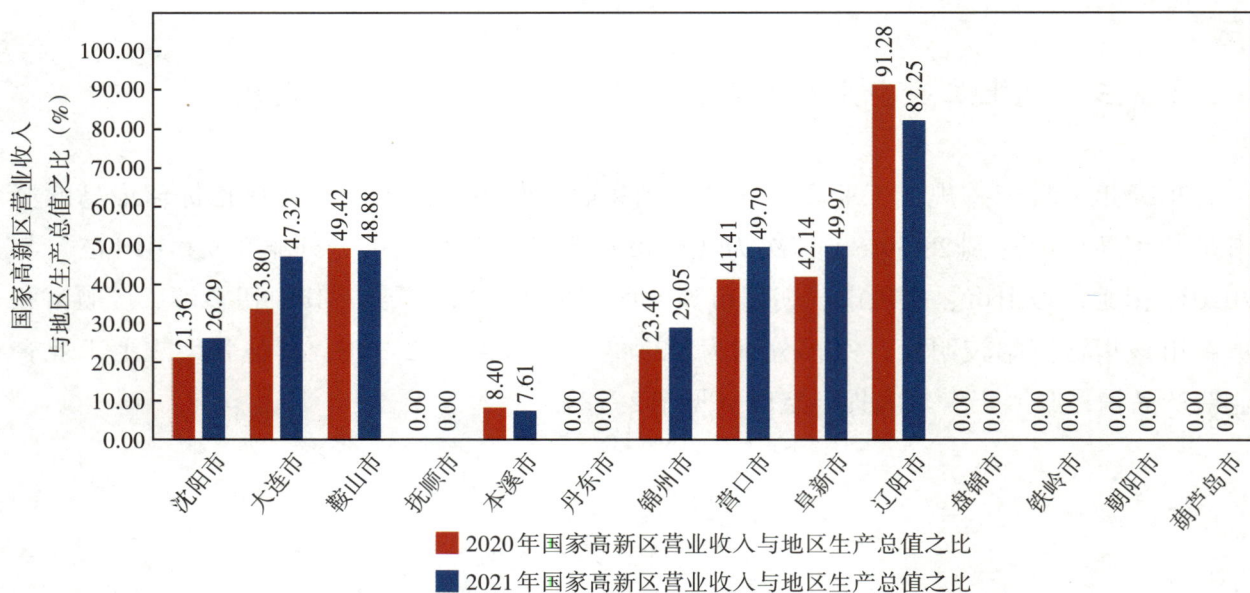

图2-19　2020，2021年国家高新区营业收入与地区生产总值之比比较

（十五）人均地区生产总值

2021年，辽宁省人均地区生产总值指标值最高的城市是大连市，达到10.48万元/人；盘锦市紧随其后，达到9.94万元/人。与2020年相比，辽宁省14个市的人均地区生产总值均呈上升趋势（见图2-20）。

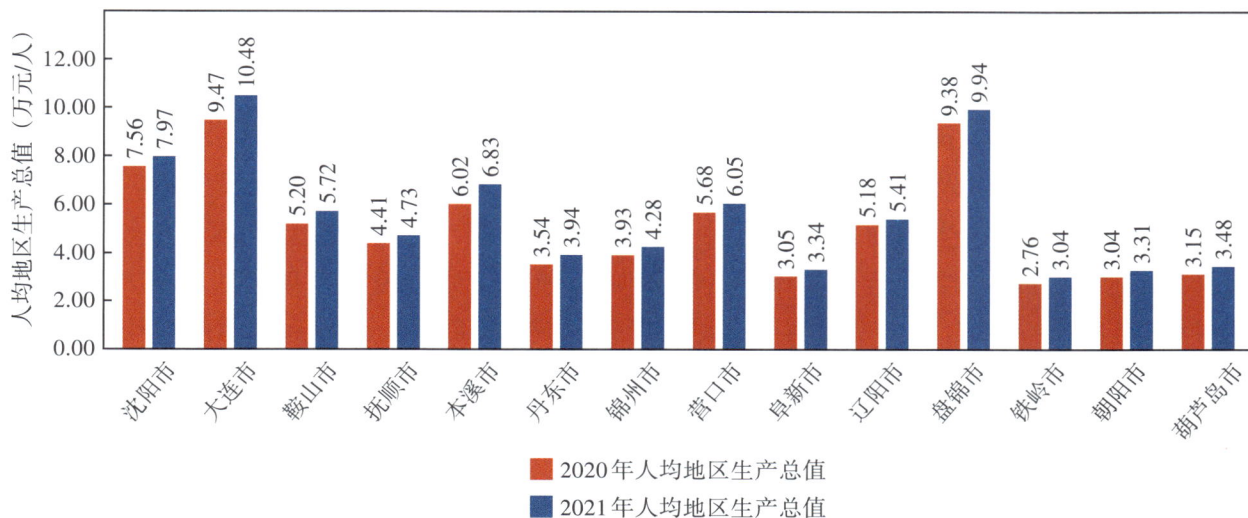

图2-20　2020，2021年人均地区生产总值比较

（十六）居民人均可支配收入

2021年，辽宁省居民人均可支配收入指标值最高的城市是沈阳市，为5.06万元/人，其次为大连市和盘锦市。与2020年相比，全省14个市的居民人均可支配收入指标均呈现不同比例的增长（见图2-21）。

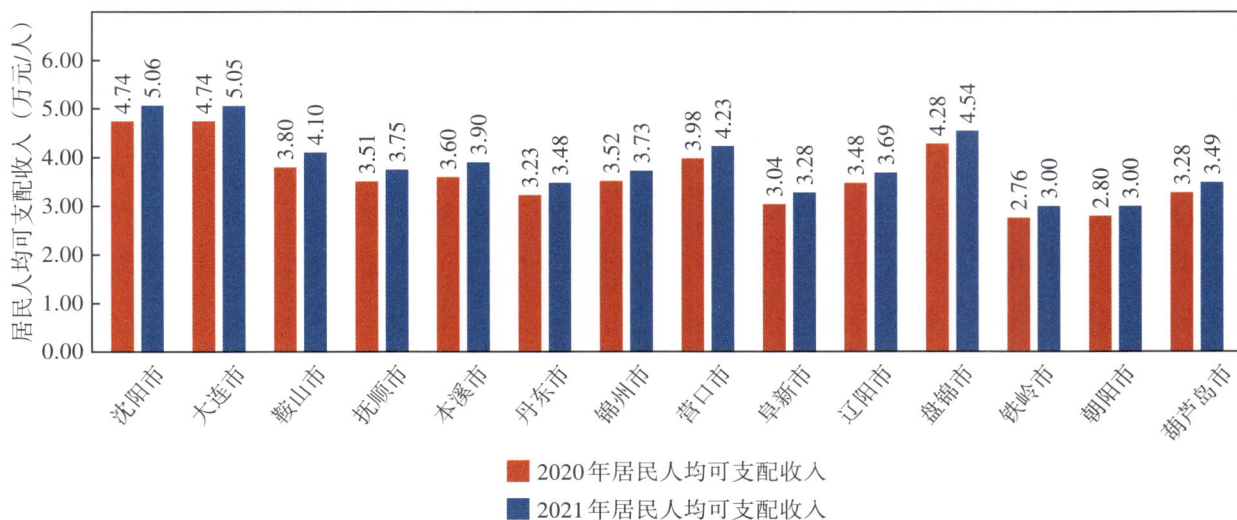

图2-21　2020，2021年居民人均可支配收入比较

第三章　辽宁省城市创新能力对比分析

2023年初，科学技术部和中国科学技术信息研究所分别发布了《国家创新型城市创新能力监测报告2022》《国家创新型城市创新能力评价报告2022》，这两份报告指出了国家创新型城市创新能力指数及排序情况。基于这两份报告内容，课题组根据辽宁省14个市的面积、常住人口、地区生产总值、地理位置和产业特色等，在国家创新型城市中选取体量或排名或产业方向相当的若干城市作为对标城市开展对比分析，以期通过对成功范例的比对和经验借鉴，结合各市发展实际，对辽宁省各城市创新能力建设起到示范和推动作用。

■ 一、沈阳市对标西安市

沈阳市是东北地区重要的中心城市、先进装备制造业基地和国家历史文化名城，也是东北地区唯一的集国家全面创新改革试验区、自主创新示范区和自由贸易试验区三大国家级重大开发建设平台于一身的城市。沈阳市地处东北亚经济圈和环渤海经济圈的中心，不仅是沈阳经济区的中心城市，也是东北地区唯一的特大型城市及经济、文化、交通和商贸中心，还是我国通向东北亚、连接欧亚大陆桥的重要节点。沈阳市总面积12860平方千米，2022年末常住人口914.7万人，地区生产总值（GDP）7695.8亿元。全市科技型企业15363家。其中，国家科技型中小企业9543家、高新技术企业4200家、"雏鹰"企业1385家、"瞪羚"和"独角兽"企业235家。相比2021年，2022年沈阳市各类科技创新平台新增172个，总量达到1421个；新型研发机构新增16家，总量达到100家；拥有两院院士24名，其中中国科学院院士5名、中国工程院院士19名；登记技术合同8675项，技术合同成交额449.9亿元，比2021年增长33.8%。2022年全年共争取省级典型示范科技成果转化中试基地等政策3项、项目1280个、资金12.2亿元。其中，国家级项目641个、资金6.0亿元，省级政策3项、项目639个、资金6.2亿元。全年获得专利授权27393件，其中发明专利授权4606件。

西安市是关中平原城市群核心城市，西部地区重要的中心城市，国家重要的科研、教育、工业基地。西安市地处关中平原中部，位于中国陆地版图中心和中西部两大经济区域的接合部，是西北通往中原、华北和华东各地市的必经之地。西安市总面积10108平方千米，2022年末常住人口1299.59万人，地区生产总值11486.51亿元。

《国家创新型城市创新能力评价报告2022》中，沈阳市排名第18位，西安市排名第6

位。该报告将97个创新型城市分为创新策源地、创新增长极和创新应用区三类，沈阳市和西安市都属于创新策源地，原始创新力均排在前15位。两市高校院所较多，科教资源丰富、高端人才集聚、城市区域优势明显，城镇化率和城镇人口数量基本持平。沈阳市以石油化工、钢铁冶金、机械装备等为传统支柱产业；西安市则以电子信息制造、汽车、航空航天、高端装备等为支柱产业，同时旅游业比较发达。以推进国家创新型城市建设为目标，将沈阳市与西安市城市创新能力指标进行比对，2021年的情况如图3-1所示。

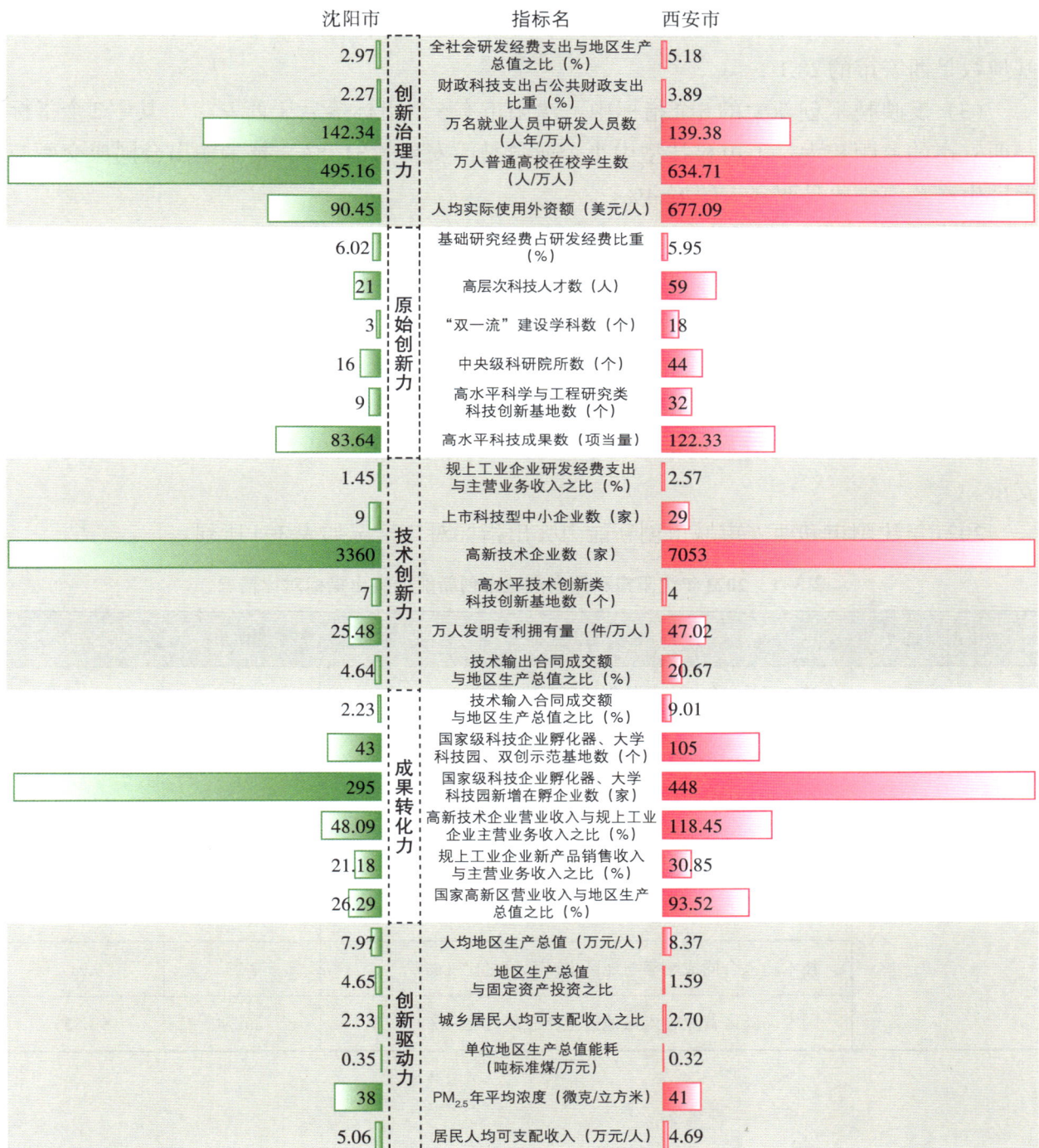

沈阳市	指标名	西安市
2.97	全社会研发经费支出与地区生产总值之比（%）	5.18
2.27	财政科技支出占公共财政支出比重（%）	3.89
142.34	万名就业人员中研发人员数（人年/万人）	139.38
495.16	万人普通高校在校学生数（人/万人）	634.71
90.45	人均实际使用外资额（美元/人）	677.09
6.02	基础研究经费占研发经费比重（%）	5.95
21	高层次科技人才数（人）	59
3	"双一流"建设学科数（个）	18
16	中央级科研院所数（个）	44
9	高水平科学与工程研究类科技创新基地数（个）	32
83.64	高水平科技成果数（项当量）	122.33
1.45	规上工业企业研发经费支出与主营业务收入之比（%）	2.57
9	上市科技型中小企业数（家）	29
3360	高新技术企业数（家）	7053
7	高水平技术创新类科技创新基地数（个）	4
25.48	万人发明专利拥有量（件/万人）	47.02
4.64	技术输出合同成交额与地区生产总值之比（%）	20.67
2.23	技术输入合同成交额与地区生产总值之比（%）	9.01
43	国家级科技企业孵化器、大学科技园、双创示范基地数（个）	105
295	国家级科技企业孵化器、大学科技园新增在孵企业数（家）	448
48.09	高新技术企业营业收入与规上工业企业主营业务收入之比（%）	118.45
21.18	规上工业企业新产品销售收入与主营业务收入之比（%）	30.85
26.29	国家高新区营业收入与地区生产总值之比（%）	93.52
7.97	人均地区生产总值（万元/人）	8.37
4.65	地区生产总值与固定资产投资之比	1.59
2.33	城乡居民人均可支配收入之比	2.70
0.35	单位地区生产总值能耗（吨标准煤/万元）	0.32
38	PM$_{2.5}$年平均浓度（微克/立方米）	41
5.06	居民人均可支配收入（万元/人）	4.69

图3-1　沈阳市、西安市城市创新能力指标对比情况（2021年）

（一）影响一级指标的因素比较

（1）反映创新治理力的5个指标中，沈阳市有4个指标落后于西安市，其中1个指标与西安市的差距较大：人均实际使用外资额是西安市的13.4%。

（2）反映原始创新力的6个指标中，沈阳市有5个指标落后于西安市，其中4个指标与西安市的差距较大：高层次科技人才数是西安市的35.6%，"双一流"建设学科数是西安市的16.7%，中央级科研院所数是西安市的36.4%，高水平科学与工程研究类科技创新基地数是西安市的28.1%。

（3）反映技术创新力的6个指标中，沈阳市有5个指标落后于西安市，其中2个指标与西安市的差距较大：上市科技型中小企业数是西安市的31.0%，技术输出合同成交额与地区生产总值之比是西安市的22.4%。

（4）反映成果转化力的6个指标中，沈阳市均低于西安市，其中4个指标与西安市的差距较大：技术输入合同成交额与地区生产总值之比，国家级科技企业孵化器、大学科技园、双创示范基地数，高新技术企业营业收入与规上工业企业主营业务收入之比，国家高新区营业收入与地区生产总值之比分别是西安市的24.8%，41.0%，40.6%，28.1%。

（5）反映创新驱动力的6个指标中，沈阳市有3个指标落后于西安市，但差距不大，而地区生产总值与固定资产投资之比、PM$_{2.5}$年平均浓度、居民人均可支配收入略优于西安市。

2021年沈阳市和西安市城市创新能力突出指标对比情况如表3-1所列。

表3-1　2021年沈阳市和西安市城市创新能力突出指标对比情况

城市创新能力	较为突出指标	沈阳市	西安市
优势	高水平技术创新类科技创新基地数（个）	7	4
	居民人均可支配收入（万元/人）	5.06	4.69
劣势	人均实际使用外资额（美元/人）	90.45	677.09
	"双一流"建设学科数（个）	3	18
	技术输出合同成交额与地区生产总值之比（%）	4.64	20.67
	技术输入合同成交额与地区生产总值之比（%）	2.23	9.01
	国家高新区营业收入与地区生产总值之比（%）	26.29	93.52

（二）综合评价

在对沈阳市与西安市进行城市创新能力对比中发现，沈阳市万名就业人员中研发人员数、基础研究经费占研发经费比重、高水平技术创新类科技创新基地数、地区生产总值与固定资产投资之比、单位地区生产总值能耗、居民人均可支配收入6个指标高于西安市。

从创新治理力、原始创新力来看，沈阳市对科技创新的投入力度较小，研发经费低于西安市，财政科技支出占公共财政支出比重、高层次科技人才数和"双一流"建设学科数较少，吸引人才能力不足，常住人口增长率偏低，科教资源优势没有得到充分有效的利用，科技创新成效提升尚存在较大空间。从技术创新力、成果转化力、创新驱动力来看，虽然高新技术企业和科技型中小企业近几年增长较快，但数量仍显不足，高新技术产业发展还不充分，国家高新区营业收入与地区生产总值之比较低。国家级科技企业孵化器、大学科技园、双创示范基地数及国家级科技企业孵化器、大学科技园新增在孵企业数与西安市相比差距较大，科技成果转化能力还需进一步增强。

综上建议：一是加大政府资金对基础研究经费、国家级基础研究基地等科技创新要素的投入力度，鼓励企业通过各种方式加强原始创新，提高创新合作水平，为实现高水平科技自立自强提供扎实有力的保障。二是充分发挥科教和人才资源优势，加强人才制度建设，全力打造人才"特区"，提升科技创新策源能力，建设综合性国家科学中心。三是进一步加强高新技术企业及科技型中小企业孵化和培育，构建多层次、分阶段、递进式的培育体系。四是提高技术市场的资源配置效率，营造良好的市场生态环境，支撑经济高质量发展。

■ 二、大连市对标厦门市

大连市是副省级城市、计划单列市，是国务院批复确定的中国北方沿海重要的中心城市、港口及风景旅游城市，也是辽宁省重要的港口、工业、贸易、旅游城市。大连市总面积12574平方千米，2022年户籍人口608.7万人，地区生产总值8430.9亿元。截至2022年底，大连市共有国家级工程技术研究中心4个；省级技术创新中心95个；市级技术创新中心146个。共有科技企业孵化器42个，备案众创空间86家。全年专利授权25473件，比上年增长8.35%，其中发明专利授权4284件，增长2.93%。全年技术合同成交额427.3亿元，比上年增长27.1%。

厦门市是国务院批复确定的中国经济特区，也是东南沿海重要的中心城市、港口及风景旅游城市。厦门市土地面积1698.78平方千米，2022年常住人口530.80万人，地区生产总值7802.66亿元。

《国家创新型城市创新能力评价报告2022》中，大连市排名第17位，厦门市排名第14位，两市都是市场化程度较高、企业创新资源丰富、科教资源富集、高端人才集聚、区域优势明显的城市，均是港口、旅游城市，在省内的城市排名中均处于头部，整个城市的类型和风格相似。以推进国家创新型城市建设为目标，将大连市与厦门市城市创新能力指标进行比对，2021年的情况如图3-2所示。

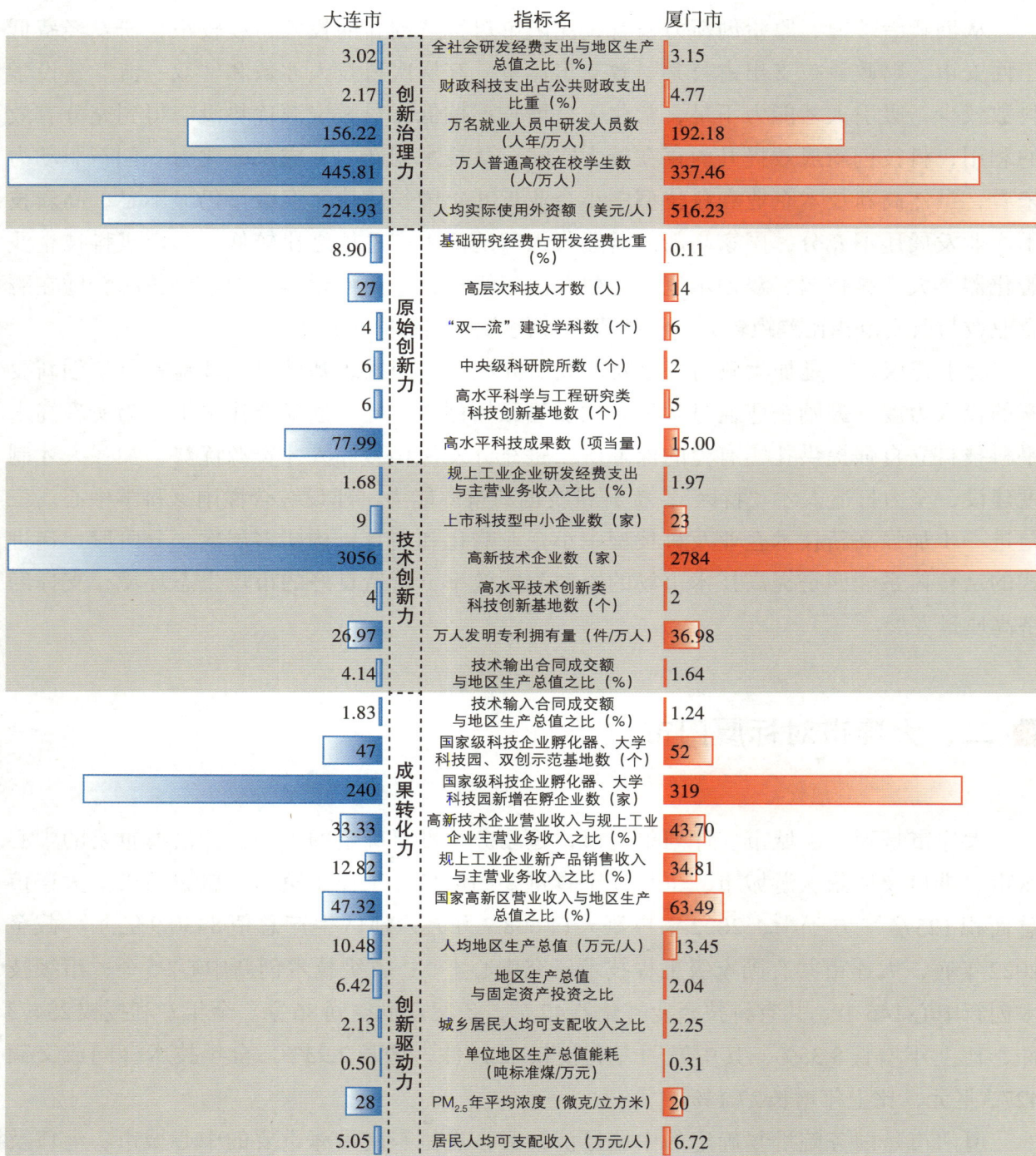

大连市	指标名	厦门市
	创新治理力	
3.02	全社会研发经费支出与地区生产总值之比（%）	3.15
2.17	财政科技支出占公共财政支出比重（%）	4.77
156.22	万名就业人员中研发人员数（人年/万人）	192.18
445.81	万人普通高校在校学生数（人/万人）	337.46
224.93	人均实际使用外资额（美元/人）	516.23
	原始创新力	
8.90	基础研究经费占研发经费比重（%）	0.11
27	高层次科技人才数（人）	14
4	"双一流"建设学科数（个）	6
6	中央级科研院所数（个）	2
6	高水平科学与工程研究类科技创新基地数（个）	5
77.99	高水平科技成果数（项当量）	15.00
	技术创新力	
1.68	规上工业企业研发经费支出与主营业务收入之比（%）	1.97
9	上市科技型中小企业数（家）	23
3056	高新技术企业数（家）	2784
4	高水平技术创新类科技创新基地数（个）	2
26.97	万人发明专利拥有量（件/万人）	36.98
4.14	技术输出合同成交额与地区生产总值之比（%）	1.64
	成果转化力	
1.83	技术输入合同成交额与地区生产总值之比（%）	1.24
47	国家级科技企业孵化器、大学科技园、双创示范基地数（个）	52
240	国家级科技企业孵化器、大学科技园新增在孵企业数（家）	319
33.33	高新技术企业营业收入与规上工业企业主营业务收入之比（%）	43.70
12.82	规上工业企业新产品销售收入与主营业务收入之比（%）	34.81
47.32	国家高新区营业收入与地区生产总值之比（%）	63.49
	创新驱动力	
10.48	人均地区生产总值（万元/人）	13.45
6.42	地区生产总值与固定资产投资之比	2.04
2.13	城乡居民人均可支配收入之比	2.25
0.50	单位地区生产总值能耗（吨标准煤/万元）	0.31
28	PM$_{2.5}$年平均浓度（微克/立方米）	20
5.05	居民人均可支配收入（万元/人）	6.72

图3-2　大连市、厦门市城市创新能力指标对比情况（2021年）

（一）影响一级指标的因素比较

（1）反映创新治理力的5个指标中，大连市有4个指标低于厦门市，其中2个指标与厦门市的差距略大：大连市财政科技支出占公共财政支出比重为厦门市的45.5%，人均实际使用外资额为厦门市的43.6%。

（2）反映原始创新力的6个指标中，大连市有5个指标高于厦门市，1个指标略低于厦门市。其中，大连市基础研究经费占研发经费比重优势明显，该比值是厦门市的80.9倍，高层次科技人才数是厦门市的近2倍，"双一流"建设学科数占厦门市的66.7%。

（3）反映技术创新力的6个指标中，大连市有3个指标高于厦门市，3个指标略低于厦门市。其中，高水平技术创新类科技创新基地数、技术输出合同成交额与地区生产总值之比为厦门市的2倍甚至更多，上市科技型中小企业数为厦门市的39.1%，万人发明专利拥有量为厦门市的72.9%。

（4）反映成果转化力的6个指标中，大连市有1个指标高于厦门市，有5个指标低于厦门市。其中，技术输入合同成交额与地区生产总值之比高于厦门市，规上工业企业新产品销售收入与主营业务收入之比为厦门市的36.8%。

（5）反映创新驱动力的6个指标中，大连市有3个指标高于厦门市，有3个指标低于厦门市。其中，地区生产总值与固定资产投资之比是厦门市的3.1倍，居民人均可支配收入为厦门市的75.1%。

2021年大连市和厦门市城市创新能力突出指标对比情况如表3-2所列。

表3-2　2021年大连市和厦门市城市创新能力突出指标对比情况

城市创新能力	较为突出指标	大连市	厦门市
优势	基础研究经费占研发经费比重	8.90	0.11
	高层次科技人才数（人）	27	14
	技术输出合同成交额与地区生产总值之比（%）	4.14	1.64
	高新技术企业数（家）	3056	2784
劣势	财政科技支出占公共财政支出比重（%）	2.17	4.77
	上市科技型中小企业数（家）	9	23
	万人发明专利拥有量（件/万人）	26.97	36.98
	人均实际使用外资额（美元/人）	224.93	516.23
	国家高新区营业收入与地区生产总值之比（%）	47.32	63.49

（二）综合评价

在对大连市与厦门市进行城市创新能力对比中发现，大连市基础研究经费占研发经费比重、高层次科技人才数、技术输出合同成交额与地区生产总值之比、高新技术企业数等13个指标高于厦门市；有16个指标低于厦门市。

从创新治理力来看，大连市财政科技支出比重不足，人均实际使用外资情况明显偏低。从原始创新力来看，大连市国家级创新平台数量较多、国家级成果数量多，除"双一流"建设学科数以外，其他指标均优于厦门市。从技术创新力、成果转化力、创新驱动力来看，大连市高新技术产业发展还不充分，虽然高新技术企业数多于厦门市，但上市科技型中小企业数较少，万人发明专利拥有量也低于厦门市；同时，规上工业企业新产品销售收入与主营业务收入之比和人均地区生产总值均低于厦门市，企业技术创新能力还需进一步增强。

综上建议：一是加大基础创新要素的投入力度，加快原始创新、制度创新、政策创新。二是提高常住人口增长率，开展人才管理改革试验。优化创业环境，为年轻创业者创新创业搭建平台、创造条件，加强高技能人才队伍建设，打造人才聚集高地。三是进一步提高人均实际使用外资额，深入推进辽宁沿海经济带开发开放。发挥大连市航运、物流、金融优势，建设对外开放新高地和全球海洋中心城市，引领辽宁沿海经济带快速发展。

■ 三、鞍山市对标株洲市

鞍山市是国务院批复确定的中国重要钢铁工业基地，也是东北地区最大的钢铁工业城市、中国第一钢铁工业城市，有着"共和国钢都""中国钢铁工业摇篮"的美誉。鞍山市总面积9255平方千米，2022年户籍人口330.6万人，地区生产总值1863.2亿元。截至2022年末，鞍山市有省级以上高新技术企业472户，比上年增加53户。授权专利4790件，比上年增加4.3%。签订技术合同241项，比上年下降41.6%；技术合同登记金额16亿元，比上年增长14.6%。

株洲市是新中国成立后首批重点建设的八个工业城市之一，是我国的老工业基地，也是长株潭两型社会建设综合配套改革试验区的一部分。株洲市总面积11000平方千米，2022年常住人口387.11万人，地区生产总值3616.8亿元。

《国家创新型城市创新能力评价报告2022》中，株洲市创新能力指数为57.71（排名第28位）。鞍山市、株洲市均是我国的老工业基地，都属于科教资源富集、企业创新资源丰富的旅游城市，主要以冶金、机械等产业为支柱，城市的历史底蕴深厚，旅游资源得天独厚。将鞍山市与株洲市城市创新能力指标进行比对，2021年的情况如图3-3所示。

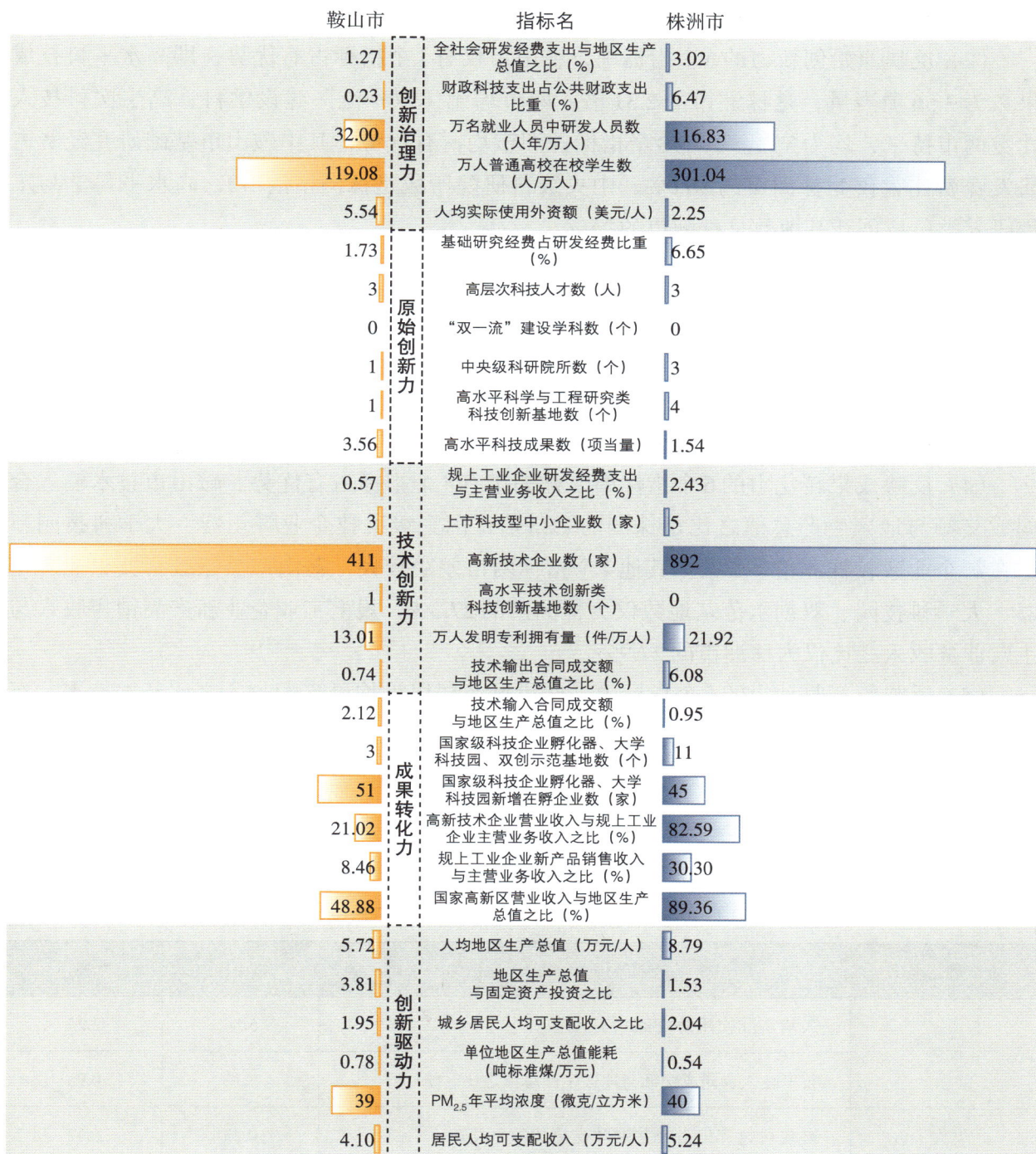

鞍山市	指标名	株洲市
1.27	全社会研发经费支出与地区生产总值之比（%）	3.02
0.23	财政科技支出占公共财政支出比重（%）	6.47
32.00	万名就业人员中研发人员数（人年/万人）	116.83
119.08	万人普通高校在校学生数（人/万人）	301.04
5.54	人均实际使用外资额（美元/人）	2.25
1.73	基础研究经费占研发经费比重（%）	6.65
3	高层次科技人才数（人）	3
0	"双一流"建设学科数（个）	0
1	中央级科研院所数（个）	3
1	高水平科学与工程研究类科技创新基地数（个）	4
3.56	高水平科技成果数（项当量）	1.54
0.57	规上工业企业研发经费支出与主营业务收入之比（%）	2.43
3	上市科技型中小企业数（家）	5
411	高新技术企业数（家）	892
1	高水平技术创新类科技创新基地数（个）	0
13.01	万人发明专利拥有量（件/万人）	21.92
0.74	技术输出合同成交额与地区生产总值之比（%）	6.08
2.12	技术输入合同成交额与地区生产总值之比（%）	0.95
3	国家级科技企业孵化器、大学科技园、双创示范基地数（个）	11
51	国家级科技企业孵化器、大学科技园新增在孵企业数（家）	45
21.02	高新技术企业营业收入与规上工业企业主营业务收入之比（%）	82.59
8.46	规上工业企业新产品销售收入与主营业务收入之比（%）	30.30
48.88	国家高新区营业收入与地区生产总值之比（%）	89.36
5.72	人均地区生产总值（万元/人）	8.79
3.81	地区生产总值与固定资产投资之比	1.53
1.95	城乡居民人均可支配收入之比	2.04
0.78	单位地区生产总值能耗（吨标准煤/万元）	0.54
39	PM$_{2.5}$年平均浓度（微克/立方米）	40
4.10	居民人均可支配收入（万元/人）	5.24

图3-3 鞍山市、株洲市城市创新能力指标对比情况（2021年）

（一）影响一级指标的因素比较

（1）反映创新治理力的5个指标中，株洲市有4个指标占有优势，且鞍山市与其差距较大。其中，鞍山市全社会研发经费支出与地区生产总值之比是株洲市的42.1%，财政科技支出占公共财政支出比重仅为株洲市的3.6%，万名就业人员中研发人员数仅为株洲市的27.4%。鞍山市人均实际使用外资额是株洲市的2.46倍。

（2）反映原始创新力的6个指标中，鞍山市仅有1个指标占有优势，即高水平科技成果数为3.56项当量，是株洲市的2.31倍。两市均无"双一流"建设学科；高层次科技人才数两市持平，均为3人。其他3个指标株洲市均占有优势，其中鞍山市基础研究经费占研发经费比重仅为株洲市的26.0%，中央级科研院所数是株洲市的1/3，高水平科学与工程研究类科技创新基地数是株洲市的25%。

（3）反映技术创新力的6个指标中，鞍山市拥有高水平技术创新类科技创新基地1个，株洲市没有。有2个指标两市差距较大，鞍山市规上工业企业研发经费支出与主营业务收入之比仅是株洲市的23.5%，技术输出合同成交额与地区生产总值之比仅为株洲市的12.2%。鞍山市高新技术企业数是株洲市的46.1%，上市科技型中小企业数为株洲市的60%，万人发明专利拥有量约是株洲市的59.4%。

（4）反映成果转化力的6个指标中，株洲市有4个指标占有优势。鞍山市技术输入合同成交额与地区生产总值之比是株洲的2.23倍，国家级科技企业孵化器、大学科技园新增在孵企业数较株洲市多6家。其他4个指标两市差距较大，鞍山市国家级科技企业孵化器、大学科技园、双创示范基地数仅为株洲市的27.3%，规上工业企业新产品销售收入与主营业务收入之比仅为株洲市的27.9%。

（5）反映创新驱动力的6个指标中，两市城乡居民人均可支配收入之比基本持平。有2个指标两市差距较大，其中，鞍山市人均地区生产总值仅为株洲市的65.1%，居民人均可支配收入低于株洲市1.14万元/人。鞍山市地区生产总值与固定资产投资之比是株洲市的2.49倍，优于株洲市。

2021年鞍山市和株洲市城市创新能力突出指标对比情况如表3-3所列。

表3-3　2021年鞍山市和株洲市城市创新能力突出指标对比情况

城市创新能力	较为突出指标	鞍山市	株洲市
优势	人均实际使用外资额（美元/人）	5.54	2.25
	技术输入合同成交额与地区生产总值之比（%）	2.12	0.95
劣势	财政科技支出占公共财政支出比重（%）	0.23	6.47
	万名就业人员中研发人员数（人年/万人）	32.00	116.83
	规上工业企业研发经费支出与主营业务收入之比（%）	0.57	2.43
	高新技术企业营业收入与规上工业企业主营业务收入之比（%）	21.02	82.59
	高水平科学与工程研究类科技创新基地数（个）	1	4

（二）综合评价

在对鞍山市与株洲市进行城市创新能力对比中发现，与株洲市相比，鞍山市技术创新能力相对较弱，科技成果转化能力不强；政府对科技发展的支持力度不足，财政科技支出增长乏力；虽然近几年高新技术企业和科技型中小企业数增长较快，但其总量仍显不足；工业企业总体创新动力不强，企业研发经费投入较少，研发人员数量配置不够；整体经济开放度不够。

综上建议：一是提高财政科技支出和规上工业企业研发经费支出，加大政府对科技发展的支持力度，以实施创新驱动发展、培育壮大新动能为核心，加强技术创新能力，进一步促进科技成果转化。二是不断优化国家级科技企业孵化器、高新技术产业园区和基地建设，大力建设一批专业技术创新中心、重点实验室等创新载体。发挥鞍山国家高新区、达道湾省级高新区、腾鳌省级高新区创新创业要素集聚的示范效应，引领、辐射和带动其他园区和地区发展。三是提高万名就业人员中研发人员数比例，努力建设一支强大的科技人才队伍，以科技创新引领产业振兴，将鞍山市建设成为东北老工业基地重要的区域创新中心，为鞍山市产业结构调整，实现全面振兴、全方位振兴提供强大的科技支撑。

■ 四、抚顺市对标唐山市

抚顺市素有"煤都"之称，是沈阳经济区副中心城市、国务院批复确定的辽宁重要工业基地，也是中国优秀旅游城市、国家森林城市。抚顺市总面积11271.5平方千米，2022年常住人口178.6万，地区生产总值927.7亿元。2022年，抚顺市技术市场共登记技术合同226份，技术市场技术合同成交登记额4.4亿元。当年专利授权2246项，其中，发明专利授权208项。

唐山市是京津唐工业基地中心城市、京津冀城市群东北部副中心城市、近代工业摇篮、沿海特大城市。唐山市总面积13472平方千米，2022年常住人口770.60万人，地区生产总值8900.7亿元。

《国家创新型城市创新能力评价报告2022》中，唐山市创新能力指数为42.51（排名第68位）。抚顺市、唐山市都属于老工业城市和资源集聚型城市，工业基础雄厚，主要以煤炭、铁矿等矿产资源为主。将抚顺市与唐山市城市创新能力指标进行比对，2021年的情况如图3-4所示。

抚顺市	指标名	唐山市
1.74	全社会研发经费支出与地区生产总值之比（%）	2.26
0.24	财政科技支出占公共财政支出比重（%）	1.46
29.13	万名就业人员中研发人员数（人年/万人）	47.47
261.83	万人普通高校在校学生数（人/万人）	230.87
1.73	人均实际使用外资额（美元/人）	272.79
3.10	基础研究经费占研发经费比重（%）	0.43
1	高层次科技人才数（人）	0
0	"双一流"建设学科数（个）	0
1	中央级科研院所数（个）	0
1	高水平科学与工程研究类科技创新基地数（个）	0
0.69	高水平科技成果数（项当量）	6.01
1.01	规上工业企业研发经费支出与主营业务收入之比（%）	1.15
0	上市科技型中小企业数（家）	4
213	高新技术企业数（家）	1436
0	高水平技术创新类科技创新基地数（个）	0
4.82	万人发明专利拥有量（件/万人）	7.63
0.56	技术输出合同成交额与地区生产总值之比（%）	1.29
0.51	技术输入合同成交额与地区生产总值之比（%）	2.08
1	国家级科技企业孵化器、大学科技园、双创示范基地数（个）	14
0	国家级科技企业孵化器、大学科技园新增在孵企业数（家）	63
43.02	高新技术企业营业收入与规上工业企业主营业务收入之比（%）	42.61
9.13	规上工业企业新产品销售收入与主营业务收入之比（%）	19.26
0.00	国家高新区营业收入与地区生产总值之比（%）	2.64
4.73	人均地区生产总值（万元/人）	10.68
5.45	地区生产总值与固定资产投资之比	1.18
2.03	城乡居民人均可支配收入之比	2.07
1.00	单位地区生产总值能耗（吨标准煤/万元）	1.30
40	$PM_{2.5}$年平均浓度（微克/立方米）	43
3.75	居民人均可支配收入（万元/人）	4.73

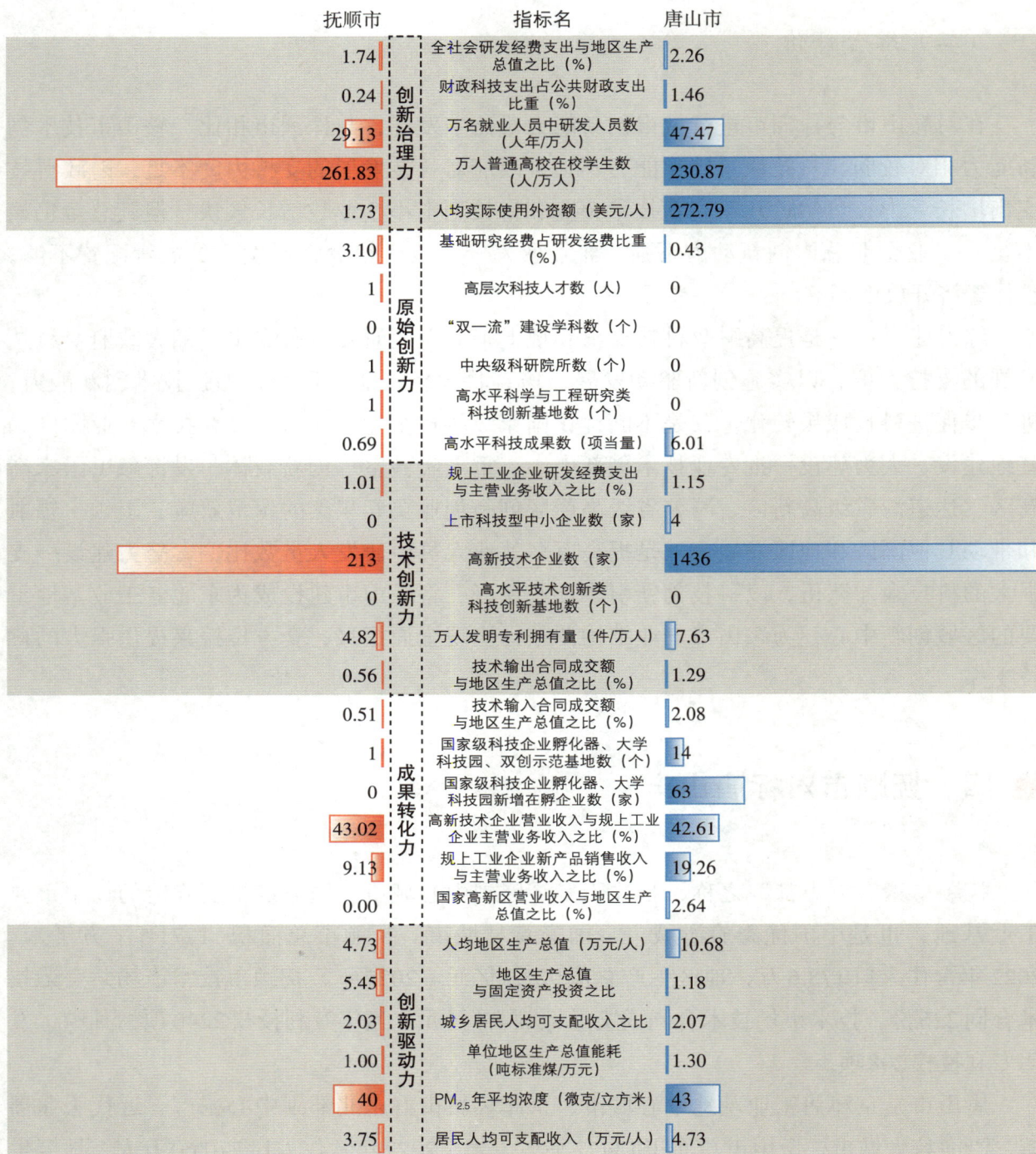

图3-4　抚顺市、唐山市城市创新能力指标对比情况（2021年）

（一）影响一级指标的因素比较

（1）反映创新治理力的5个指标中，唐山市有4个指标占有优势，其中3个指标两市差距较大：抚顺市财政科技支出占公共财政支出比重仅为唐山市的16.44%，抚顺市人均实际使用外资额仅为唐山市的0.63%，抚顺市万名就业人员中研发人员数比重是唐山市的

61.37%。抚顺市万人普通高校在校学生数是唐山市的1.13倍，略有优势。

（2）反映原始创新力的6个指标中，抚顺市有4个指标占优。其中，抚顺市高层次科技人才数、中央级科研院所数、高水平科学与工程研究类科技创新基地数均为1，唐山市为0；但抚顺市高水平科技成果数为0.69项当量，而唐山市为6.01项当量，是抚顺市的8.7倍多。

（3）反映技术创新力的6个指标中，唐山市有5个指标占优。其中，抚顺市高新技术企业数是唐山市的14.83%，技术输出合同成交额与地区生产总值之比为唐山市的43.41%。两市均没有高水平技术创新类科技创新基地。

（4）反映成果转化力的6个指标中，唐山市有5个指标占优，剩余1个指标两市基本持平。其中，抚顺市技术输入合同成交额与地区生产总值之比仅占唐山市的24.52%；抚顺市仅有1个国家级科技企业孵化器、大学科技园、双创示范基地，而唐山市有14个；抚顺市国家级科技企业孵化器、大学科技园新增在孵企业数为0，唐山市为63家，差距较大；抚顺市规上工业企业新产品销售收入与主营业务收入之比仅为唐山市的47.40%。

（5）反映创新驱动力的6个指标中，抚顺市有1个指标优势明显，其他指标均与唐山市差距较大或基本持平。其中，抚顺市人均地区生产总值仅为唐山市的44.29%；抚顺市地区生产总值与固定资产投资之比优于唐山市，是其4.6倍；抚顺市居民人均可支配收入为唐山市的79.28%。

2021年抚顺市和唐山市城市创新能力突出指标对比情况如表3-4所列。

表3-4　2021年抚顺市和唐山市城市创新能力突出指标对比情况

城市创新能力	较为突出指标	抚顺市	唐山市
优势	基础研究经费占研发经费比重（%）	3.10	0.43
	地区生产总值与固定资产投资之比	5.45	1.18
	万人普通高校在校学生数（人/万人）	261.83	230.87
劣势	财政科技支出占公共财政支出比重（%）	0.24	1.46
	高新技术企业数（家）	213	1436
	国家级科技企业孵化器、大学科技园、双创示范基地数（个）	1	14
	人均实际使用外资额（美元/人）	1.73	272.79
	上市科技型中小企业数（家）	0	4

（二）综合评价

在对抚顺市与唐山市进行城市创新能力对比中发现，抚顺市基础研究经费占研发经费比重、地区生产总值与固定资产投资之比等方面优于唐山市。其中，基础研究经费占研发经费比重优势明显，但财政科技支出占公共财政支出比重、人均实际使用外资额与唐山市差距巨大。

从创新治理力、原始创新力来看，抚顺市对科技创新的投入力度较小，研发经费和人员投入低，科技成果产出较少；国家级重大科技创新平台的数量少，吸引人才能力不足，科技创新成效不显著。从技术创新力、成果转化力、创新驱动力来看，高新技术企业和上市科技型中小企业数量不足，高新技术企业数和上市科技型中小企业数与唐山市差距较大。国家级高新区尚属空白，高新技术产业发展还不充分，科技成果转化能力还需进一步增强。

综上建议：一是增加高新技术企业和上市科技型中小企业数量，将抚顺高新区建设成为抚顺市战略地位高、创新资源密、发展环境优、主导产业强的"四位一体"国家高新区，为抚顺资源型城市转型、新旧动能转换提供重要支撑。二是增加研发经费和人员投入，加大对科技创新的投入力度，深度融入沈阳现代化都市圈建设，合理充分利用本地及沈阳市的科教资源优势，提高科技创新能力。三是组建国家级科技企业孵化器和成果转化基地，完善科技成果转移转化体系，鼓励高校、高新区、经济开发区、产业园区和各县区引导社会资本和社会资源，健全科技成果转化机制。

五、本溪市对标马鞍山市

本溪市是我国重要的钢铁基地，总面积为8413.96平方千米，2022年常住人口126.7万人，地区生产总值930.8亿元。截至2022年末，本溪市有国家级高新技术企业98家，"雏鹰"企业45家，"瞪羚"企业11家。国家级工程技术研究中心1家，省级专业技术创新中心22家，省级重点实验室2家，省级综合服务平台2家。全市受理专利申请1108件，比2021年下降0.89%。全年有5项成果获省科技进步二等奖，16项成果获省科技进步三等奖。

马鞍山市是中国十大钢铁基地之一，地处苏皖交会地区，是马鞍山钢铁股份有限公司（简称马钢）所在地。马鞍山市总面积4044平方千米，2022年常住人口218.6万人，地区生产总值2520.96亿元。

《国家创新型城市创新能力评价报告2022》中，马鞍山市创新能力指数为54.61（排名第42位）。本溪市和马鞍山市同属国家重要的钢铁生产基地，都具有秀美的自然山水旅游景观，具有一定的可比性。将本溪市和马鞍山市城市创新能力指标进行比对，2021年的情况如图3-5所示。

本溪市		指标名	马鞍山市
1.00	创新治理力	全社会研发经费支出与地区生产总值之比（%）	3.23
0.19		财政科技支出占公共财政支出比重（%）	4.35
21.05		万名就业人员中研发人员数（人年/万人）	127.44
284.54		万人普通高校在校学生数（人/万人）	329.15
31.26		人均实际使用外资额（美元/人）	1361.43
0.12	原始创新力	基础研究经费占研发经费比重（%）	0.82
0		高层次科技人才数（人）	1
0		"双一流"建设学科数（个）	0
0		中央级科研院所数（个）	2
0		高水平科学与工程研究类科技创新基地数（个）	1
0.00		高水平科技成果数（项当量）	1.04
0.32	技术创新力	规上工业企业研发经费支出与主营业务收入之比（%）	1.70
0		上市科技型中小企业数（家）	1
88		高新技术企业数（家）	702
1		高水平技术创新类科技创新基地数（个）	1
4.00		万人发明专利拥有量（件/万人）	39.73
1.07		技术输出合同成交额与地区生产总值之比（%）	6.08
1.21	成果转化力	技术输入合同成交额与地区生产总值之比（%）	3.84
1		国家级科技企业孵化器、大学科技园、双创示范基地数（个）	6
0		国家级科技企业孵化器、大学科技园新增在孵企业数（家）	42
3.84		高新技术企业营业收入与规上工业企业主营业务收入之比（%）	35.90
8.51		规上工业企业新产品销售收入与主营业务收入之比（%）	29.52
7.61		国家高新区营业收入与地区生产总值之比（%）	70.13
6.83	创新驱动力	人均地区生产总值（万元/人）	11.30
4.11		地区生产总值与固定资产投资之比	0.72
1.93		城乡居民人均可支配收入之比	1.99
1.13		单位地区生产总值能耗（吨标准煤/万元）	0.97
30		$PM_{2.5}$年平均浓度（微克/立方米）	35
3.90		居民人均可支配收入（万元/人）	5.64

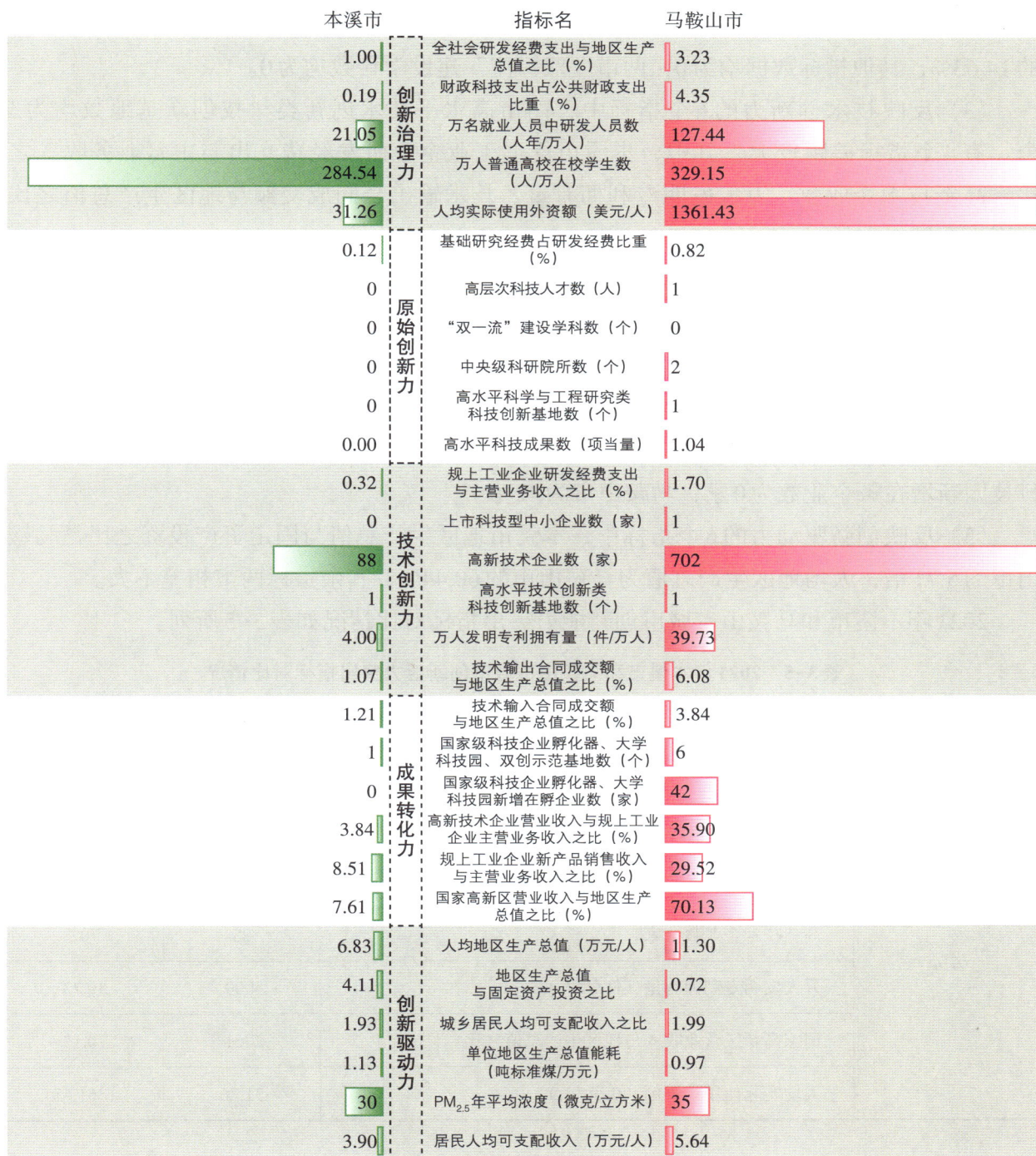

图3-5　本溪市、马鞍山市城市创新能力指标对比情况（2021年）

（一）影响一级指标的因素比较

（1）反映创新治理力的5个指标中，本溪市万人普通高校在校学生数为马鞍山市的86.45%，其他4个指标与马鞍山市差距更为明显。其中，本溪市人均实际使用外资额远低于马鞍山市，仅为其2.30%；财政科技支出占公共财政支出比重是马鞍山市的4.37%。

（2）反映原始创新力的6个指标中，本溪市基础研究经费占研发经费比重为马鞍山市的14.63%，其他指标数据均为0；两市"双一流"建设学科数均为0。

（3）反映技术创新力的6个指标中，两市高水平技术创新类科技创新基地数均为1个，有4个指标差距较大。其中，本溪市规上工业企业研发经费支出与主营业务收入之比、高新技术企业数、万人发明专利拥有量、技术输出合同成交额与地区生产总值之比分别为马鞍山市的18.82%，12.54%，10.07%，17.60%。

（4）反映成果转化力的6个指标中，两市6个指标差距均较大。其中，本溪市技术输入合同成交额与地区生产总值之比，国家级科技企业孵化器、大学科技园、双创示范基地数，高新技术企业营业收入与规上工业企业主营业务收入之比，规上工业企业新产品销售收入与主营业务收入之比和国家高新区营业收入与地区生产总值之比分别为马鞍山市的31.51%，16.67%，10.70%，28.83%，10.85%；本溪市国家级科技企业孵化器、大学科技园新增在孵企业数为0家，马鞍山市为42家。

（5）反映创新驱动力的6个指标中，本溪市地区生产总值与固定资产投资之比是马鞍山市的5.71倍，人均地区生产总值为马鞍山市的60.44%，其余指标两市相差不大。

2021年本溪市和马鞍山市城市创新能力突出指标对比情况如表3-5所列。

表3-5　2021年本溪市和马鞍山市城市创新能力突出指标对比情况

城市创新能力	较为突出指标	本溪市	马鞍山市
优势	地区生产总值与固定资产投资之比	4.11	0.72
劣势	财政科技支出占公共财政支出比重（%）	0.19	4.35
	万名就业人员中研发人员数（人年/万人）	21.05	127.44
	高新技术企业数（家）	88	702
	万人发明专利拥有量（件/万人）	4.00	39.73
	国家高新区营业收入与地区生产总值之比	7.61	70.13
	人均实际使用外资额（美元/人）	31.26	1361.63

（二）综合评价

在对本溪市与马鞍山市进行城市创新能力对比中发现，本溪市创新能力整体较弱，高新技术企业和上市科技型中小企业总体规模和发展数量仍显不足；相对马鞍山市，本溪市创新投入不足，财政科技支出占公共财政支出比重与马鞍山市差距较大；本溪市技术创新力水平、成果转化力水平与马鞍山市相比仍有较大差距，其中高新技术企业数和国家高新区营业收入与地区生产总值之比2个指标仅为马鞍山市的10%左右；人均实际使用外资额较少，整体经济开放度不够。

综上建议：一是依托本溪市生物医药产业集群优势，加大生物医药科技创新平台建设，联合高校、科研机构和企业，创建国际一流的创新药物研发平台。二是加大企业培育和扶持力度，推动高新技术企业和上市科技型中小企业建设，引导驻溪高校与企业建立校企合作科技成果转化基地，构建科技成果转化新体系。三是引进和培养海内外医药及相关领域人才在当地工作、生活，努力建设一支强大的科技人才队伍，为本溪市创新发展提供持续动力。

六、丹东市对标泉州市

丹东市是辽宁省地级市，毗邻朝鲜，位处环渤海、黄海经济圈，是一座以工业、商贸、物流、旅游为主体的沿江、沿海、沿边城市，被誉为"中国温泉之城"，是中国十大养老胜地之一。丹东市总面积15289.6平方千米，2022年常住人口211.6万人，地区生产总值890.7亿元。2022年，丹东市授权发明专利92件，全市拥有有效发明专利1059件，比上年增长3.7%。全市已认定高新技术企业271家。按可比口径，技术合同成交额4.45亿元，增长10.1%。

泉州市地处福建省东南部，北承福州，南接厦门，东望宝岛台湾，是联合国唯一认定的海上丝绸之路起点，也是国家"一带一路"倡议的21世纪海上丝绸之路先行区及首批国家历史文化名城。泉州市土地面积（含金门县）11015平方千米，2022年常住人口887.9万人，地区生产总值12102.97亿元。

《国家创新型城市创新能力评价报告2022》中，泉州市创新能力指数为38.67（排名第74位）。丹东市、泉州市区位优势明显，均处于重要的经济圈内，有着深厚的人文历史，沿海沿江，均属于港口、旅游城市，工业门类齐全。将丹东市与泉州市城市创新能力指标进行比对，2021年的情况如图3-6所示。

（一）影响一级指标的因素比较

（1）反映创新治理力的5个指标中，两市整体指标差距较大。其中，丹东市财政科技支出占公共财政支出比重、人均实际使用外资额分别为泉州市的4.40%和6.61%；丹东市万名就业人员中研发人员数指标远低于泉州市。

（2）反映原始创新力的6个指标中，双方在高层次科技人才数、"双一流"建设学科数、中央级科研院所数、高水平科学与工程研究类科技创新基地数4个指标上均为空白；其他2个指标中，丹东市基础研究经费占研发经费比重和高水平科技成果数分别为泉州市的29.41%和40.58%。

丹东市	类别	指标名	泉州市
0.74	创新治理力	全社会研发经费支出与地区生产总值之比（%）	1.44
0.12		财政科技支出占公共财政支出比重（%）	2.73
17.49		万名就业人员中研发人员数（人年/万人）	104.68
182.25		万人普通高校在校学生数（人/万人）	218.63
3.63		人均实际使用外资额（美元/人）	54.95
0.10	原始创新力	基础研究经费占研发经费比重（%）	0.34
0		高层次科技人才数（人）	0
0		"双一流"建设学科数（个）	0
0		中央级科研院所数（个）	0
0		高水平科学与工程研究类科技创新基地数（个）	0
1.27		高水平科技成果数（项当量）	3.13
0.80	技术创新力	规上工业企业研发经费支出与主营业务收入之比（%）	0.76
0		上市科技型中小企业数（家）	3
262		高新技术企业数（家）	1638
0		高水平技术创新类科技创新基地数（个）	1
4.64		万人发明专利拥有量（件/万人）	12.53
0.47		技术输出合同成交额与地区生产总值之比（%）	0.05
0.49	成果转化力	技术输入合同成交额与地区生产总值之比（%）	0.25
3		国家级科技企业孵化器、大学科技园、双创示范基地数（个）	15
7		国家级科技企业孵化器、大学科技园新增在孵企业数（家）	11
48.56		高新技术企业营业收入与规上工业企业主营业务收入之比（%）	7.28
14.38		规上工业企业新产品销售收入与主营业务收入之比（%）	8.17
0.00		国家高新区营业收入与地区生产总值之比（%）	8.72
3.94	创新驱动力	人均地区生产总值（万元/人）	12.82
2.80		地区生产总值与固定资产投资之比	2.24
1.72		城乡居民人均可支配收入之比	2.12
0.26		单位地区生产总值能耗（吨标准煤/万元）	0.43
28		$PM_{2.5}$年平均浓度（微克/立方米）	19
3.48		居民人均可支配收入（万元/人）	5.50

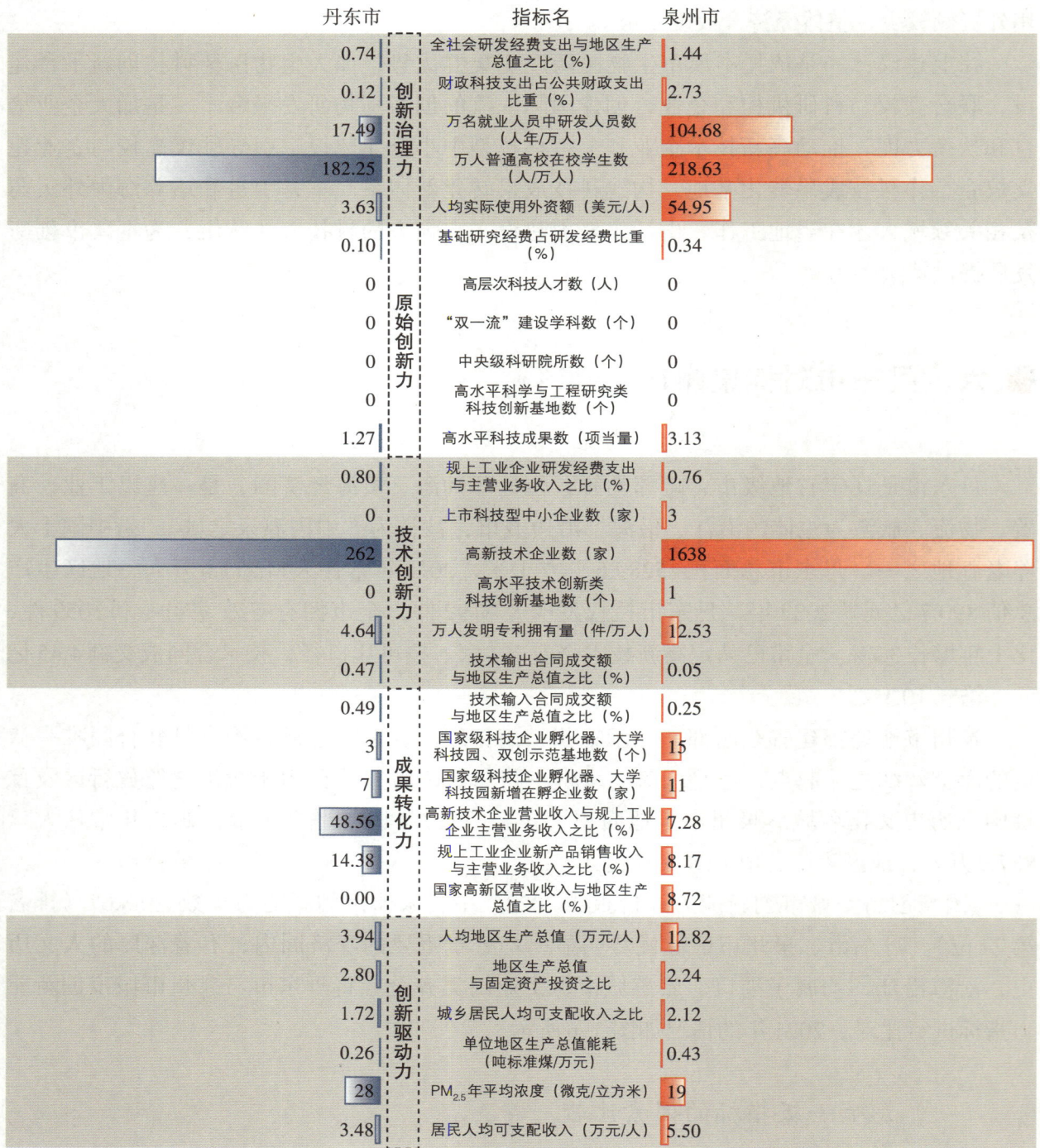

图3-6　丹东市、泉州市城市创新能力指标对比情况（2021年）

（3）反映技术创新力的6个指标中，丹东市技术输出合同成交额与地区生产总值之比为泉州市的9.4倍，优势明显；丹东市上市科技型中小企业数、高水平技术创新类科技创新基地数2个指标均为0，而泉州市分别为3和1；丹东市规上工业企业研发经费支出与主营业务收入之比与泉州市基本持平；丹东市高新技术企业数和万人发明专利拥有量2个指标与泉州市差距较大，分别为泉州市的16.00%和37.03%。

（4）反映成果转化力的6个指标中，丹东市技术输入合同成交额与地区生产总值之比、高新技术企业营业收入与规上工业企业主营业务收入之比和规上工业企业新产品销售收入与主营业务收入之比分别为泉州市的1.96，6.67，1.76倍，优势明显；其余指标中，丹东市国家级科技企业孵化器、大学科技园、双创示范基地数和国家级科技企业孵化器、大学科技园新增在孵企业数为泉州市的20.00%和63.64%。

（5）反映创新驱动力的6个指标中，丹东市地区生产总值与固定资产投资之比为泉州市的1.25倍，略有优势；丹东市城乡居民人均可支配收入之比和居民人均可支配收入2个指标与泉州市差距不大；而丹东市人均地区生产总值仅为泉州市的30.73%。

2021年丹东市和泉州市城市创新能力突出指标对比情况如表3-6所列。

表3-6 2021年丹东市和泉州市城市创新能力突出指标对比情况

城市创新能力	较为突出指标	丹东市	泉州市
优势	技术输出合同成交额与地区生产总值之比（%）	0.47	0.05
	技术输入合同成交额与地区生产总值之比（%）	0.49	0.25
劣势	财政科技支出占公共财政支出比重（%）	0.12	2.73
	万人发明专利拥有量（件/万人）	4.64	12.53
	高新技术企业数（家）	262	1638
	万名就业人员中研发人员数（人年/万人）	17.49	104.68

（二）综合评价

在对丹东市与泉州市进行城市创新能力对比中发现，丹东市在技术输入、输出合同成交额与地区生产总值之比方面有一定的优势，但在财政科技支出占公共财政支出比重和高新技术企业数方面与泉州市差距较大；创新人才较为匮乏，万名就业人员中研发人员数不到泉州市的20%；创新载体相对欠缺，高水平科学与工程研究类科技创新基地数、"双一流"建设学科数等存在很多空白；经济开放度不够，虽然与邻国有很多科技人文交流，但是人均实际使用外资额与泉州市差距明显。

综上建议：一是加强科技创新平台建设，积极与"一圈一带"内先进平台开展对接与合作，通过联合共建、"飞地"等方式柔性引才、技术开发及创新。二是以辽东绿色经济区建设为契机，继续推进规上工业与高新技术产业发展，突出重点领域，因地制宜，不断壮大科技型企业群体，着力打造一批高新技术产业及战略性新兴产业集群。三是加快融入辽宁沿海经济带，加强与朝鲜、日本、韩国、俄罗斯等国的贸易往来，不断扩大开放。

■ 七、锦州市对标徐州市

锦州市是连接华北地区和东北地区两大区域的交通枢纽，是环渤海经济区重要的沿海开放城市、辽宁省西部区域性中心城市、辽宁沿海第二大城市、辽宁省区域物流中心城市，已被纳入辽宁沿海经济带国家战略。锦州市总面积10301平方千米，2022年常住人口263.8万人，地区生产总值1201.7亿元。截至2022年底，锦州市拥有国家级高新技术产业开发区1个，省级高新技术产业开发区1个；国家农业科技园区1个，省级农业科技园区1个。全年国家科技型中小企业923家，比2021年新增562家；省"雏鹰"企业78家，比2021年新增22家；省"瞪羚"企业26家，比2021年新增4家。省产业专业技术创新中心40个；省重点实验室25个；省临床医学研究中心2个；市产业共性技术创新中心7个，市产业专业技术创新中心101个。国家备案众创空间5个，省备案众创空间4个；国家备案星创天地3个，省备案星创天地12个。省级中试基地1个；国家级科技企业孵化器1个，省级科技企业孵化器3个；省级技术转移服务示范机构6个，省级国际技术转移服务示范机构1个。锦州市发明专利有效量1169件，国内专利授权总量1698件，其中发明169件。17个企业被评为辽宁省知识产权优势企业。2022年底获得资质认定的检验检测机构109个，法定计量技术机构11个。全年制定、修订地方标准5项。技术合同交易额实现30.5亿元，比上年增长43.2%。

徐州市是华东重要门户城市，华东地区重要的科教、文化、金融、旅游、医疗、会展中心，也是江苏省重要的经济、商业和对外贸易中心，拥有大量文化遗产、名胜古迹和深厚的历史底蕴，被称作"东方雅典"。徐州市总面积11765平方千米，2022年常住人口901.85万人，地区生产总值8457.84亿元。

《国家创新型城市创新能力评价报告2022》中，徐州市创新能力指数为56.70（排名第37位）。锦州市和徐州市在区域创新中都属于科教资源富集、成果转化突出的城市，均是区域内重要的交通枢纽，省级排名均处于中等偏上水平，整个城市的类型和风格相似。

将锦州市和徐州市城市创新能力指标进行比对，2021年的情况如图3-7所示。

（一）影响一级指标的因素比较

（1）反映创新治理力的5个指标中，两市有3个指标差距较大。其中，锦州市财政科技支出占公共财政支出比重为徐州市的18.40%，万名就业人员中研发人员数和人均实际使用外资额2个指标分别为徐州市的25.20%和0.83%。锦州市有1个指标表现较强，即万人普通高校在校学生数是徐州市的1.77倍。

（2）反映原始创新力的6个指标中，锦州市有1个指标表现较强，即基础研究经费占

锦州市		指标名	徐州市
1.17	创新治理力	全社会研发经费支出与地区生产总值之比（%）	1.80
0.46		财政科技支出占公共财政支出比重（%）	2.50
19.29		万名就业人员中研发人员数（人年/万人）	76.54
343.07		万人普通高校在校学生数（人/万人）	194.34
2.22		人均实际使用外资额（美元/人）	268.37
14.00	原始创新力	基础研究经费占研发经费比重（%）	2.54
0		高层次科技人才数（人）	7
0		"双一流"建设学科数（个）	2
0		中央级科研院所数（个）	2
0		高水平科学与工程研究类科技创新基地数（个）	3
0.00		高水平科技成果数（项当量）	22.10
0.55	技术创新力	规上工业企业研发经费支出与主营业务收入之比（%）	2.08
2		上市科技型中小企业数（家）	9
181		高新技术企业数（家）	1167
0		高水平技术创新类科技创新基地数（个）	1
4.03		万人发明专利拥有量（件/万人）	23.60
1.78		技术输出合同成交额与地区生产总值之比（%）	1.29
3.14	成果转化力	技术输入合同成交额与地区生产总值之比（%）	1.89
6		国家级科技企业孵化器、大学科技园、双创示范基地数（个）	34
21		国家级科技企业孵化器、大学科技园新增在孵企业数（家）	291
31.39		高新技术企业营业收入与规上工业企业主营业务收入之比（%）	42.76
10.86		规上工业企业新产品销售收入与主营业务收入之比（%）	23.58
29.05		国家高新区营业收入与地区生产总值之比（%）	21.62
4.28	创新驱动力	人均地区生产总值（万元/人）	8.96
3.00		地区生产总值与固定资产投资之比	1.50
1.87		城乡居民人均可支配收入之比	1.72
0.27		单位地区生产总值能耗（吨标准煤/万元）	0.23
42		PM$_{2.5}$年平均浓度（微克/立方米）	42
3.73		居民人均可支配收入（万元/人）	4.08

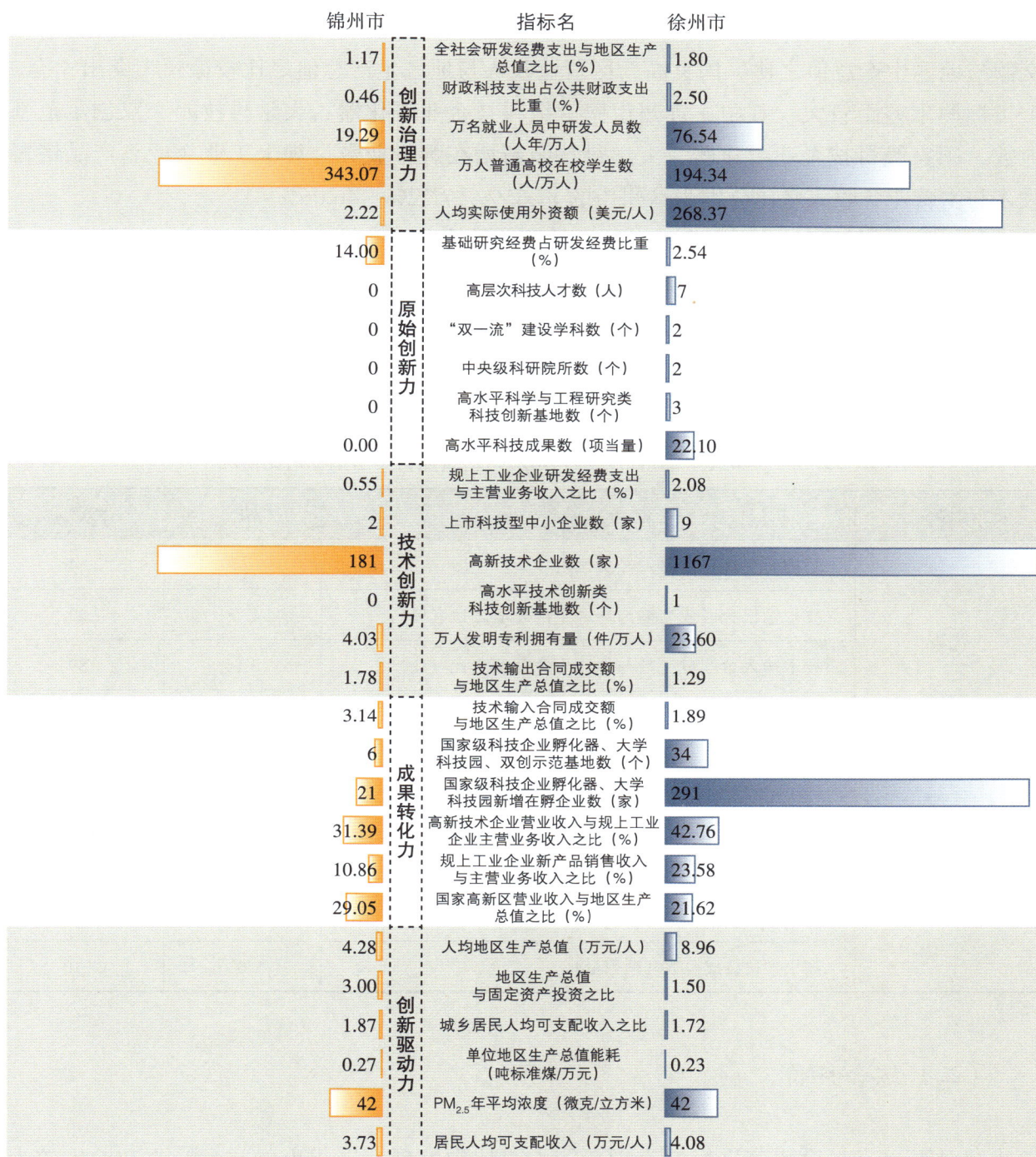

图3-7 锦州市、徐州市城市创新能力指标对比情况（2021年）

研发经费比重约是徐州市的5.51倍；其余5个指标锦州市均为0，对锦州市原始创新力影响较大。

（3）反映技术创新力的6个指标中，两市有4个指标差距较大。其中，锦州市规上工业企业研发经费支出与主营业务收入之比、上市科技型中小企业数、高新技术企业数和万人发明专利拥有量4个指标分别为徐州市的26.44%，22.22%，15.51%，17.08%；但锦州市技术输出合同成交额与地区生产总值之比较徐州市优势显著。

（4）反映成果转化力的6个指标中，锦州市有2个指标略有优势，即技术输入合同成交额与地区生产总值之比、国家高新区营业收入与地区生产总值之比较徐州市突出；有3个指标两市差距较大，其中，锦州市国家级科技企业孵化器、大学科技园、双创示范基地数，国家级科技企业孵化器、大学科技园新增在孵企业数，规上工业企业新产品销售收入与主营业务收入之比分别为徐州市的17.65%，7.22%，46.06%。

（5）反映创新驱动力的6个指标中，锦州市除人均地区生产总值与徐州市差距较大之外，其余5个指标均与徐州市基本持平或优于徐州市。其中，人均地区生产总值是徐州市的47.77%，地区生产总值与固定资产投资之比是徐州市的2.0倍，城乡居民人均可支配收入之比约是徐州市的1.1倍，居民人均可支配收入为徐州市的91.4%。

2021年锦州市和徐州市城市创新能力突出指标对比情况如表3-7所列。

表3-7　2021年锦州市和徐州市城市创新能力突出指标对比情况

城市创新能力	较为突出指标	锦州市	徐州市
优势	基础研究经费占研发经费比重（%）	14.00	2.54
	技术输出合同成交额与地区生产总值之比（%）	1.78	1.29
	技术输入合同成交额与地区生产总值之比（%）	3.14	1.89
	国家高新区营业收入与地区生产总值之比（%）	29.05	21.62
劣势	高层次科技人才数（人）	0	7
	"双一流"建设学科数（个）	0	2
	中央级科研院所数（个）	0	2
	高水平科学与工程研究类科技创新基地数（个）	0	3
	高水平科技成果数（项当量）	0	22.10

（二）综合评价

在对锦州市与徐州市进行城市创新能力对比中发现，锦州市的技术输入和输出较为活跃，科技成果转化能力较强。但锦州市高新技术企业数与徐州市差距较大；整体经济开放度不够，人均实际使用外资额与徐州市差距较大。

综上建议：一是持续优化营商环境，加快技术市场建设，不断强化与科技部门、技术转移协会、产业技术创新联盟等组织机构的多方协同，推动科技成果转移转化。二是加强实质性产学研联盟建设，围绕锦州市产业发展共性需求，加强产业关键核心技术、共性技术的攻关及前瞻性技术和产品研发，推动产业链上下游紧密合作，打通从产业技术研发、成果转化到企业孵化各个环节，带动相关产业的联动发展。三是从营造和优化科技环境入手，构建科技合作交流平台，积极引导企业把握"走出去、引进来"的互动机会，引进高端人才和先进技术，带领企业技术创新，推动国际科技合作与交流不断深入。

八、营口市对标连云港市

营口市地处辽东半岛中枢、渤海东岸。作为全国首批沿海开放城市，营口市物产丰盛、交通便利，是东北重要的出海通道，是"一带一路"倡议重要的交通节点，也是环渤海经济圈及东北亚地区最具发展竞争力的现代化港口城市之一。营口市总面积5427平方千米，2022年常住人口228.6万人，地区生产总值1431.6亿元。2022年，营口市完成技术合同登记346份，成交额11.35亿元。新认定高新技术企业60家、新获批"雏鹰"企业37家、"瞪羚"企业7家。现有高新技术企业401家、"雏鹰"企业120家、"瞪羚"企业39家。新获批省专业技术创新中心1家、省重点实验室1家、省实质性产学研联盟27家、省众创空间4家。现有国家级孵化器1家、国家级众创空间3家、国家级星创天地1家、省重点实验室6家，省专业技术创新中心29家、省技术转移示范机构4家、省级众创空间12家、省级星创天地6家。引进国外"高精尖"人才5人。全年累计获得国家、省科技资金3450万元，其中省级项目（课题、补助、奖励）67项。2022年，营口市被科学技术部列为开展国家创新型城市建设城市。

连云港市位于我国东部沿海、长江三角洲北翼，与朝鲜、韩国、日本隔海相望，是中国首批14个沿海开放城市之一、中国十大海港之一，土地面积7615平方千米，海域7516平方千米，2022年常住人口460.05万人，地区生产总值4005.03亿元，比2021年增长2.4%。

《国家创新型城市创新能力评价报告2022》中，营口市创新能力指数为29.44（排名第91位），连云港市创新能力指数为46.10（排名第62位）。营口市和连云港市在区域创新中都属于市场化程度较高、创新资源集聚、企业创新资源丰富的城市，均属重要的港口和旅游城市，整个城市的类型和风格相似。将营口市和连云港市城市创新能力指标进行比对，2021年的情况如图3-8所示。

（一）影响一级指标的因素比较

（1）反映创新治理力的5个指标中，2个指标两市差距不大，3个指标差距较大。其中，营口市财政科技支出占公共财政支出比重为连云港市的19.38%，人均实际使用外资额为连云港市的10.03%，万名就业人员中研发人员数为连云港市的69.60%。

营口市	指标名	连云港市
1.81	全社会研发经费支出与地区生产总值之比（%）	2.37
0.31	财政科技支出占公共财政支出比重（%）	1.60
28.34	万名就业人员中研发人员数（人年/万人）	40.72
140.06	万人普通高校在校学生数（人/万人）	131.37
17.96	人均实际使用外资额（美元/人）	179.12
0.22	基础研究经费占研发经费比重（%）	1.63
0	高层次科技人才数（人）	1
0	"双一流"建设学科数（个）	0
0	中央级科研院所数（个）	2
0	高水平科学与工程研究类科技创新基地数（个）	1
0.00	高水平科技成果数（项当量）	0.69
0.87	规上工业企业研发经费支出与主营业务收入之比（%）	2.26
1	上市科技型中小企业数（家）	6
338	高新技术企业数（家）	437
0	高水平技术创新类科技创新基地数（个）	1
3.84	万人发明专利拥有量（件/万人）	10.49
0.60	技术输出合同成交额与地区生产总值之比（%）	1.22
0.78	技术输入合同成交额与地区生产总值之比（%）	3.11
4	国家级科技企业孵化器、大学科技园、双创示范基地数（个）	6
43	国家级科技企业孵化器、大学科技园新增在孵企业数（家）	47
39.88	高新技术企业营业收入与规上工业企业主营业务收入之比（%）	46.76
20.97	规上工业企业新产品销售收入与主营业务收入之比（%）	18.70
49.79	国家高新区营业收入与地区生产总值之比（%）	24.21
6.05	人均地区生产总值（万元/人）	8.10
3.27	地区生产总值与固定资产投资之比	1.16
1.91	城乡居民人均可支配收入之比	1.87
1.18	单位地区生产总值能耗（吨标准煤/万元）	0.24
37	PM$_{2.5}$年平均浓度（微克/立方米）	32
4.23	居民人均可支配收入（万元/人）	3.99

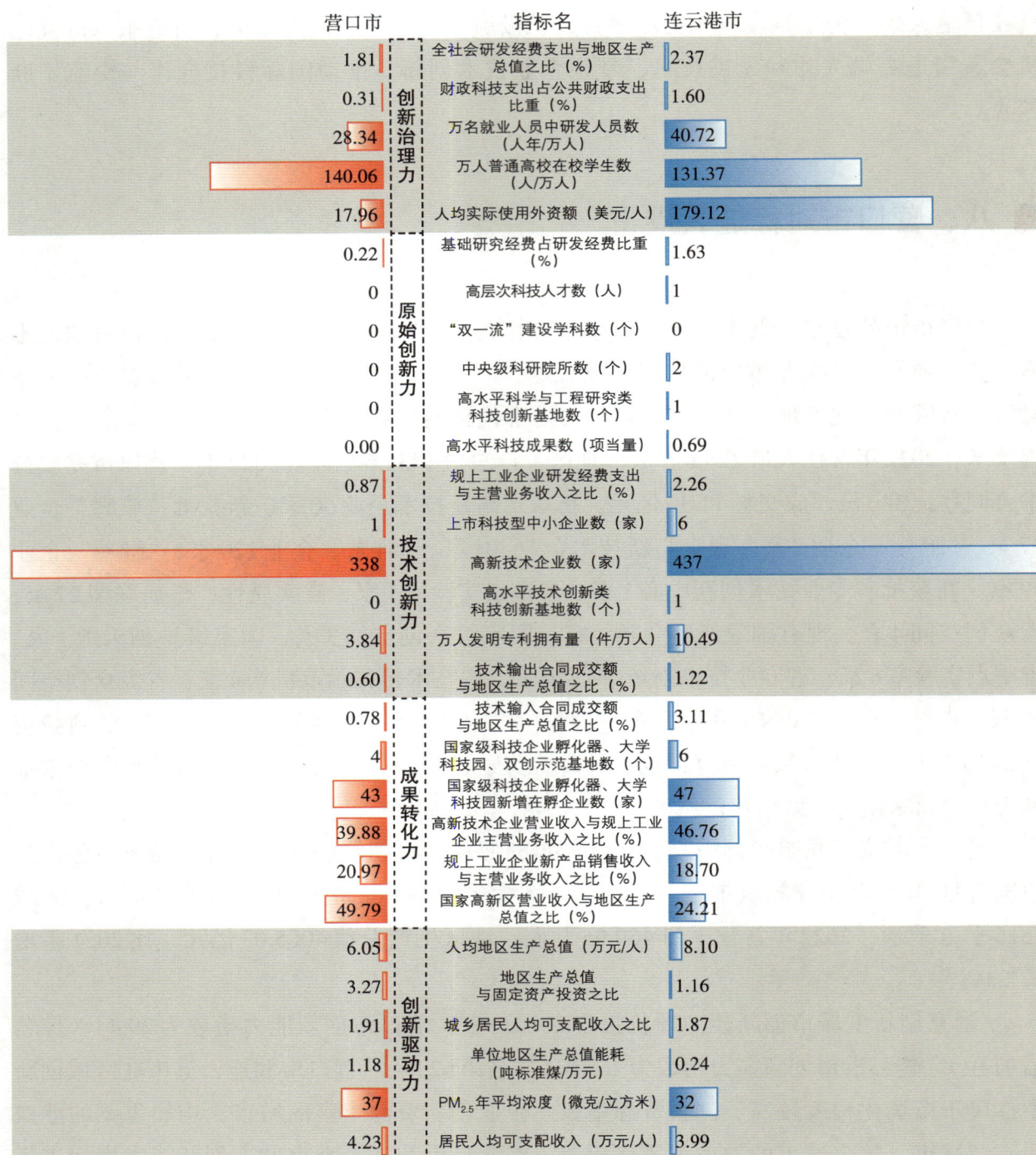

图 3-8 营口市、连云港市城市创新能力指标对比情况（2021 年）

（2）反映原始创新力的 6 个指标中，营口市基础研究经费占研发经费比重为连云港市的 13.50%，其余指标两市情况基本相当或相差不大。

（3）反映技术创新力的 6 个指标中，有 4 个指标两市相差较大，即营口市上市科技型中小企业数为 1 家，连云港市为 6 家；规上工业企业研发经费支出与主营业务收入之比、万人发明专利拥有量和技术输出合同成交额与地区生产总值之比，营口市分别为连云港市的 38.50%，36.61，49.18%。营口市有 2 个指标稍弱于连云港市：高新技术企业数为连云港市的77.35%；高水平技术创新类科技创新基地数为0个，连云港市为1个。

（4）反映成果转化力的6个指标中，营口市有2个指标略有优势，即规上工业企业新产品销售收入与主营业务收入之比、国家高新区营业收入与地区生产总值之比，分别为连云港市的1.12倍和2.06倍；有1个指标差距较大，即技术输入合同成交额与地区生产总值之比为连云港市的25.08%；其余3个指标数与连云港市基本持平或差距较小。

（5）反映创新驱动力的6个指标中，营口市有2个指标劣势较大，分别是人均地区生产总值和单位地区生产总值能耗，为连云港市的74.69%和4.92倍；营口市地区生产总值与固定资产投资之比优于连云港市，是连云港市的2.82倍；其余指标两市基本持平。

2021年营口市和连云港市城市创新能力突出指标对比情况如表3-8所列。

表3-8 2021年营口市和连云港市城市创新能力突出指标对比情况

城市创新能力	较为突出指标	营口市	连云港市
优势	规上工业企业新产品销售收入与主营业务收入之比（%）	20.97	18.70
	国家高新区营业收入与地区生产总值之比（%）	49.79	24.21
	地区生产总值与固定资产投资之比	3.27	1.16
劣势	人均实际使用外资额（美元/人）	17.96	179.12
	基础研究经费占研发经费比重（%）	0.22	1.63
	财政科技支出占公共财政支出比重（%）	0.31	1.60
	技术输入合同成交额与地区生产总值之比（%）	0.78	3.11

（二）综合评价

在对营口市与连云港市进行城市创新能力对比中发现，营口市国家高新区营业收入与地区生产总值之比较高，但上市科技型中小企业数、财政科技支出占公共财政支出比重、技术输入合同成交额与地区生产总值之比与连云港市差距较大，整体经济开放度有待加强。

综上建议：一是加快提高财政科技支出占公共财政支出的比重，加强引导，凝聚资源，促进政策、资本、平台、人才等各类要素集聚。二是扩大与国内外高水平科研单位的合作，健全技术转移服务体系，推动重大科技成果转化落地。三是加大力度建设科技型中小企业和高新技术企业，把高新区作为企业培育的主阵地；构建科技企业梯度培育体系，建设一批企业孵化器、中试基地等孵化载体，打造创新孵化产业集群。

九、阜新市对标景德镇市

阜新市是辽宁省西北部地区的中心城市，是全国第一个资源型城市经济转型试点市、国家扶贫改革试验区，也是国家首批循环经济试点市之一。阜新市总面积10355平方千米，2022年末户籍总人口178.8万人，地区生产总值577.7亿元。2022年，阜新市共取得各项科研成果47项。

景德镇市是世界"瓷都"，更是中国直升机工业的摇篮，是国务院首批公布的24座历史文化名城之一，也是第二批资源枯竭城市之一。景德镇市土地面积5256平方千米，2022年常住人口162.18万人，地区生产总值1192.19亿元。

《国家创新型城市创新能力评价报告2022》中，景德镇市创新能力指数为46.44（排名第60位）。阜新市、景德镇市都属于资源枯竭城市，也都是国家资源型城市经济转型的试点地区。两市主要产业煤炭（阜新市）和陶瓷（景德镇市）因资源枯竭难以为继，正在积极开拓和引进现代农业、装备制造业等新兴产业。将阜新市和景德镇市城市创新能力指标进行比对，2021年的情况如图3-9所示。

（一）影响一级指标的因素比较

（1）反映创新治理力的5个指标中，阜新市有1个指标领先，即万人普通高校在校学生数；有4个指标低于景德镇市，其中1个指标差距较大，阜新市人均实际使用外资额仅为景德镇市的3.4%。

（2）反映原始创新力的6个指标中，阜新市有2个指标领先，即基础研究经费占研发经费比重和高水平科技成果数；有3个指标两市都为0；有1个指标低于景德镇市。

（3）反映技术创新力的6个指标中，阜新市有1个指标领先，即上市科技型中小企业数；有5个指标低于景德镇市，其中有2个指标差距较大，阜新市规上工业企业研发经费支出与主营业务收入之比仅为景德镇市的42.0%，高新技术企业数仅为景德镇市的49.2%。

（4）反映成果转化力的6个指标中，阜新市有1个指标遥遥领先，即国家级科技企业孵化器、大学科技园新增在孵企业数为34家，景德镇市为16家；有5个指标低于景德镇市，其中有2个指标差距较大，技术输入合同成交额与地区生产总值之比、规上工业企业新产品销售收入与主营业务收入之比分别为景德镇市的39.7%，16.7%。

（5）反映创新驱动力的6个指标中，地区生产总值与固定资产投资之比，阜新市高于景德镇市；单位地区生产总值能耗和PM$_{2.5}$年平均浓度，阜新市均高于景德镇市。城乡居民人均可支配收入之比和居民人均可支配收入，阜新市与景德镇市差距不大；人均地区生产总值，阜新市仅为景德镇市的56.6%。

阜新市	指标名	景德镇市
0.80	全社会研发经费支出与地区生产总值之比（%）	1.75
0.21	财政科技支出占公共财政支出比重（%）	2.45
22.00	万名就业人员中研发人员数（人年/万人）	58.68
271.25	万人普通高校在校学生数（人/万人）	159.06
5.69	人均实际使用外资额（美元/人）	167.95
14.26	基础研究经费占研发经费比重（%）	1.06
0	高层次科技人才数（人）	0
0	"双一流"建设学科数（个）	0
0	中央级科研院所数（个）	1
0	高水平科学与工程研究类科技创新基地数（个）	0
2.38	高水平科技成果数（项当量）	0.00
0.55	规上工业企业研发经费支出与主营业务收入之比（%）	1.31
2	上市科技型中小企业数（家）	1
93	高新技术企业数（家）	189
0	高水平技术创新类科技创新基地数（个）	1
5.16	万人发明专利拥有量（件/万人）	7.38
1.04	技术输出合同成交额与地区生产总值之比（%）	1.48
1.61	技术输入合同成交额与地区生产总值之比（%）	4.06
3	国家级科技企业孵化器、大学科技园、双创示范基地数（个）	5
34	国家级科技企业孵化器、大学科技园新增在孵企业数（家）	16
32.24	高新技术企业营业收入与规上工业企业主营业务收入之比（%）	49.26
12.94	规上工业企业新产品销售收入与主营业务收入之比（%）	77.32
49.97	国家高新区营业收入与地区生产总值之比（%）	91.53
3.34	人均地区生产总值（万元/人）	5.90
2.56	地区生产总值与固定资产投资之比	0.85
1.83	城乡居民人均可支配收入之比	2.17
0.53	单位地区生产总值能耗（吨标准煤/万元）	0.43
34	PM$_{2.5}$年平均浓度（微克/立方米）	25
3.28	居民人均可支配收入（万元/人）	4.56

创新治理力　原始创新力　技术创新力　成果转化力　创新驱动力

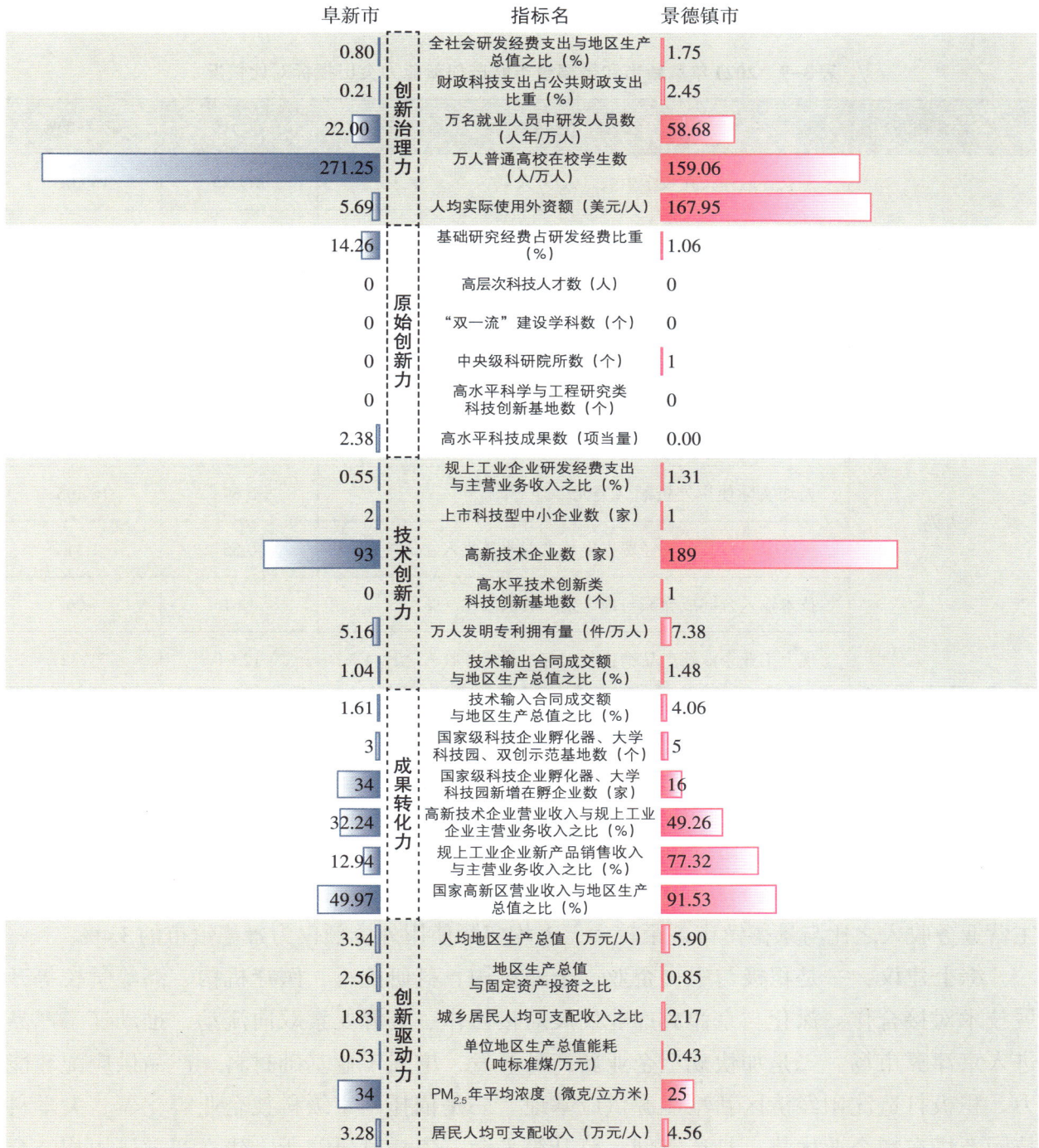

图3-9　阜新市、景德镇市城市创新能力指标对比情况（2021年）

2021年阜新市和景德镇市城市创新能力突出指标对比情况如表3-9所列。

表3-9　2021年阜新市和景德镇市城市创新能力突出指标对比情况

城市创新能力	较为突出指标	阜新市	景德镇市
优势	万人普通高校在校学生数（人/万人）	271.25	159.06
	基础研究经费占研发经费比重（%）	14.26	1.06
	国家级科技企业孵化器、大学科技园新增在孵企业数（家）	34	16
劣势	财政科技支出占公共财政支出比重（%）	0.21	2.45
	万名就业人员中研发人员数（人年/万人）	22.00	58.68
	人均实际使用外资额（美元/人）	5.69	167.95
	规上工业企业研发经费支出与主营业务收入之比（%）	0.55	1.31
	技术输入合同成交额与地区生产总值之比（%）	1.61	4.06
	规上工业企业新产品销售收入与主营业务收入之比（%）	12.94	77.32

（二）综合评价

在对阜新市与景德镇市进行城市创新能力对比中发现，阜新市万名就业人员中研发人员数比例较低，财政科技支出占公共财政支出比重、规上工业企业新产品销售收入与主营业务收入之比与景德镇市差距较大，人均实际使用外资额仅为景德镇市的3.4%。

综上建议：一是积极与中央企业、金融机构、科研院所、医疗机构、高等学校等开展技术对接合作。深化与京津冀产业发展对接协作、资源要素双向流动，推动辽宁产品进入京津冀市场。二是加快规上企业新产品开发，增强工业基础材料、产品供应配套能力，积极打造沈阳经济区新型能源供应基地。三是依托国家级科技企业孵化器、大学科技园新增在孵企业优势，打造双创示范升级平台，依托科研院所，建立产学研用相结合的专业技术创新中心等创新平台；加快推进科技企业孵化器、大学科技园和众创空间等载体建设；加快"独角兽"、"瞪羚"、高新技术企业培育，壮大科技型中小企业群体。

■ 十、辽阳市对标南阳市

辽阳市是沈阳经济区副中心城市，是辽中南地区中心城市之一，也是国务院批复确定的我国以石化产业为主的现代工业城市及新兴石化轻纺工业基地。辽阳市总面积4743平方千米，2022年常住人口154.3万人，地区生产总值891.8亿元。2022年，全市新增授权专利1680件，比2021年下降19.9%，其中授权发明专利93件，增长40.9%。截至2022年末，共有有效发明专利636件，比2021年增长13.8%。2022年技术市场成交各类技术合同248项，比2021年增加190项；技术合同成交额9.7亿元，比2021年增长11.4%。2022年新增"专精特新"产品35个。2022年末企业技术中心72个，当年新增3个。

南阳市是河南省地级市，是国务院批复确定的中部地区重要的交通枢纽，豫鄂陕交界地区区域性中心城市，其金矿、石油储量居河南省第2位。南阳市总面积2.66万平方千米，2022年常住人口961.50万人，地区生产总值4555.40亿元。

《国家创新型城市创新能力评价报告2022》中，南阳市创新能力指数为26.59（排名第95位）。辽阳市和南阳市在区域创新评价中都有着丰厚的历史文化底蕴，均是各自省内重要的资源型城市，整体城市的类型和风格相似。将辽阳市与南阳市城市创新能力指标进行比对，2021年的情况如图3-10所示。

（一）影响一级指标的因素比较

（1）反映创新治理力的5个指标中，辽阳市有1个指标领先，即万人普通高校在校学生数；有4个指标低于南阳市，其中1个指标差距较大，辽阳市人均实际使用外资额仅为南阳市的13.0%。

（2）反映原始创新力的6个指标中，辽阳市有2个指标落后于南阳市，即基础研究经费占研发经费比重和高水平科学与工程研究类科技创新基地数少于南阳市，基础研究经费占研发经费比重是南阳市的45.0%；高层次科技人才数略领先于南阳市；两市"双一流"建设学科数、中央级科研院所数和高水平科技成果数均为0。

（3）反映技术创新力的6个指标中，辽阳市有2个指标落后于南阳市，其中，规上工业企业研发经费支出与主营业务收入之比是南阳的16.2%，两市高水平技术创新类科技创新基地数均为0；有2个指标高于南阳市，其中，辽阳市万人发明专利拥有量约是南阳市的1.4倍，技术输出合同成交额与地区生产总值之比是南阳市的1.1倍。

（4）反映成果转化力的6个指标中，技术输入合同成交额与地区生产总值之比和国家高新区营业收入与地区生产总值之比，辽阳市高于南阳市，其中技术输入合同成交额与地区生产总值之比是南阳市的1.3倍。国家级科技企业孵化器、大学科技园、双创示范基地数和国家级科技企业孵化器、大学科技园新增在孵企业数，辽阳市均为0，南阳市分别为7个和21家。高新技术企业营业收入与规上工业企业主营业务收入之比是南阳市的82.0%，规上工业企业新产品销售收入与主营业务收入之比是南阳市的51.7%。

（5）反映创新驱动力的6个指标中，辽阳市有2个指标低于南阳市，有4个指标高于南阳市。其中，辽阳市地区生产总值与固定资产投资之比是南阳市的6.9倍，优势明显；人均地区生产总值是南阳市的1.2倍。

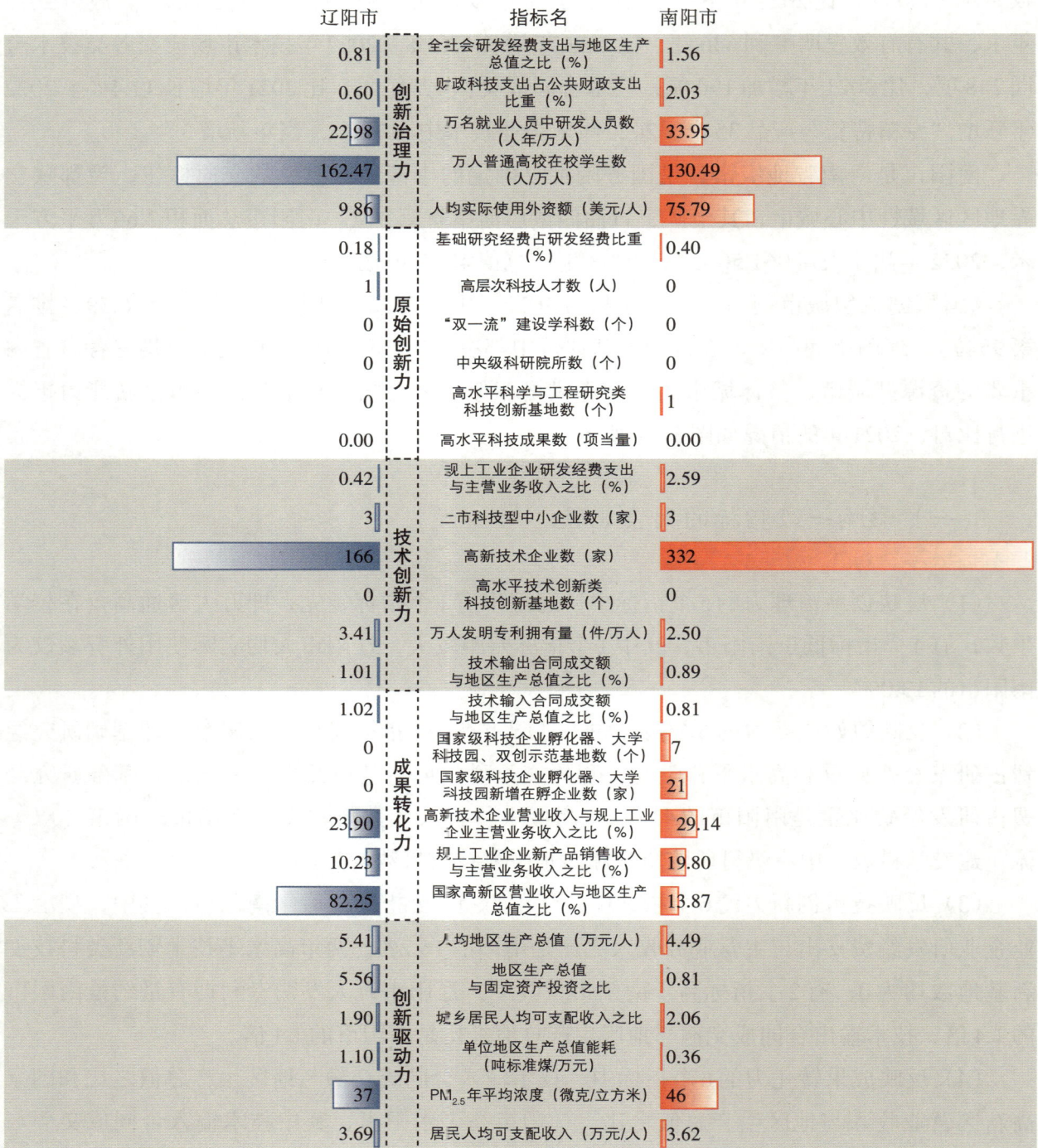

辽阳市	指标名	南阳市
0.81	全社会研发经费支出与地区生产总值之比（%）	1.56
0.60	财政科技支出占公共财政支出比重（%）	2.03
22.98	万名就业人员中研发人员数（人年/万人）	33.95
162.47	万人普通高校在校学生数（人/万人）	130.49
9.86	人均实际使用外资额（美元/人）	75.79
0.18	基础研究经费占研发经费比重（%）	0.40
1	高层次科技人才数（人）	0
0	"双一流"建设学科数（个）	0
0	中央级科研院所数（个）	0
0	高水平科学与工程研究类科技创新基地数（个）	1
0.00	高水平科技成果数（项当量）	0.00
0.42	规上工业企业研发经费支出与主营业务收入之比（%）	2.59
3	二市科技型中小企业数（家）	3
166	高新技术企业数（家）	332
0	高水平技术创新类科技创新基地数（个）	0
3.41	万人发明专利拥有量（件/万人）	2.50
1.01	技术输出合同成交额与地区生产总值之比（%）	0.89
1.02	技术输入合同成交额与地区生产总值之比（%）	0.81
0	国家级科技企业孵化器、大学科技园、双创示范基地数（个）	7
0	国家级科技企业孵化器、大学科技园新增在孵企业数（家）	21
23.90	高新技术企业营业收入与规上工业企业主营业务收入之比（%）	29.14
10.23	规上工业企业新产品销售收入与主营业务收入之比（%）	19.80
82.25	国家高新区营业收入与地区生产总值之比（%）	13.87
5.41	人均地区生产总值（万元/人）	4.49
5.56	地区生产总值与固定资产投资之比	0.81
1.90	城乡居民人均可支配收入之比	2.06
1.10	单位地区生产总值能耗（吨标准煤/万元）	0.36
37	PM2.5年平均浓度（微克/立方米）	46
3.69	居民人均可支配收入（万元/人）	3.62

图3-10　辽阳市、南阳市城市创新能力指标对比情况（2021年）

2021年辽阳市和南阳市城市创新能力突出指标对比情况如表3-10所列。

表3-10 2021年辽阳市和南阳市城市创新能力突出指标对比情况

城市创新能力	较为突出指标	辽阳市	南阳市
优势	万人普通高校在校学生数（人/万人）	162.47	130.49
	万人发明专利拥有量（件/万人）	3.41	2.50
	技术输入合同成交额与地区生产总值之比（%）	1.02	0.81
	地区生产总值与固定资产投资之比	5.56	0.81
劣势	财政科技支出占公共财政支出比重（%）	0.60	2.03
	人均实际使用外资额（美元/人）	9.86	75.79
	基础研究经费占研发经费比重（%）	0.18	0.40
	规上工业企业研发经费支出与主营业务收入之比（%）	0.42	2.59
	高新技术企业数（家）	166	332
	国家级科技企业孵化器、大学科技园、双创示范基地数（个）	0	7

（二）综合评价

在对辽阳市与南阳市进行城市创新能力对比中发现，辽阳市与南阳市创新能力整体水平有一定差距。从创新治理力、原始创新力来看，辽阳市对科技创新的投入力度较小，财政科技支出占公共财政支出比重较小，研发经费和人员投入偏低，基础研究经费占研发经费比重与南阳市差距明显，国家级重大科技创新研发机构少，科技创新成效不显著。从技术创新力、成果转化力、创新驱动力来看，辽阳市高新技术企业数仍显不足，国家级科技企业孵化器、大学科技园、双创示范基地尚属空白。

综上建议：一是依托国家高新区产业发展优势和影响力，进一步壮大产业集群，完善产业链上中下游的供应和配套能力，推动高新技术产业精细化、高端化发展。二是充分利用技术交易活跃和万人发明专利拥有量优势，进一步提升科技服务质量，打通科技成果转化的"最后一公里"，促进经济与科技深度融合。三是进一步提高基础研究经费投入，发挥财政资金引导作用，利用科技金融试点城市机遇，用好国家补助资金；壮大市本级财政铺底资金规模，惠及更多辽阳企业。四是加快建设国家级科技企业孵化器、大学科技园、双创示范基地和高新技术企业等创新创业孵化平台；抓好众创空间、星创天地建设，推进农村创新创业；建立"科技型中小企业—高新技术企业—'瞪羚''独角兽'企业"梯度培育体系。

■ 十一、盘锦市对标东营市

盘锦市位于辽宁省中南部，地处辽河三角洲中心地带，是辽河入海口城市，也是我国最大的稠油、超稠油、高凝油生产基地，即辽河油田总部所在地。盘锦市总面积4062.34平方千米，2022年常住人口139.0万人，地区生产总值1394.3亿元。2022年，盘锦市国内专利授权1886件，其中发明专利授权154件。企业工程技术研究中心224个，比2021年增加16个，其中，省级企业技术创新中心25个，与2021年持平。全年签订技术合同293项，成交额7.6亿元。

东营市位于山东省东北部、黄河入海口的三角洲地带，区位优势明显，东临渤海，与日本、韩国隔海相望，北靠京津唐经济区，南连山东半岛经济区，向西辐射广大内陆地区，也是环渤海经济区的重要节点、山东半岛城市群的重要组成部分，且处于连接中原经济区与东北经济区、京津唐经济区与胶东半岛经济区的枢纽位置。东营市总面积8243平方千米，2022年常住人口220.9万人，地区生产总值3620.74亿元。

《国家创新型城市创新能力评价报告2022》中，东营市创新能力指数为46.12（排名第61位）。盘锦市和东营市在区域创新中均属依托资源开发发展起来的资源型城市。将两个城市创新能力指标进行比对，2021年的情况如图3-11所示。

（一）影响一级指标的因素比较

（1）反映创新治理力的5个指标中，盘锦市有1个指标高于东营市，有4个指标低于东营市。其中，两市有3个指标差距较大，盘锦市财政科技支出占公共财政支出比重仅为东营市的47.9%，万名就业人员中研发人员数和万人普通高校在校学生数均为东营市的35.9%。

（2）反映原始创新力的6个指标中，盘锦市有3个指标低于东营市，有3个指标两市均为0。其中，盘锦市基础研究经费占研发经费比重与东营市差距较大。

（3）反映技术创新力的6个指标中，盘锦市均低于东营市。其中，盘锦市技术输出合同成交额与地区生产总值之比、万人发明专利拥有量和高新技术企业数与东营市差距较大，分别为东营市的17.3%，28.6%，39.0%。

（4）反映成果转化力的6个指标中，盘锦市有1个指标高于东营市，有5个指标低于东营市。其中，盘锦市国家级科技企业孵化器、大学科技园新增在孵企业数和国家级科技企业孵化器、大学科技园、双创示范基地数与东营市差距较大，分别为东营市的17.8%和21.4%。

（5）反映创新驱动力的6个指标中，盘锦市有2个指标高于东营市，有4个指标低于东营市。其中，盘锦市地区生产总值与固定资产投资之比较东营市优势明显，接近其2倍；盘锦市单位地区生产总值能耗与东营市差距较大，约为其1.8倍。

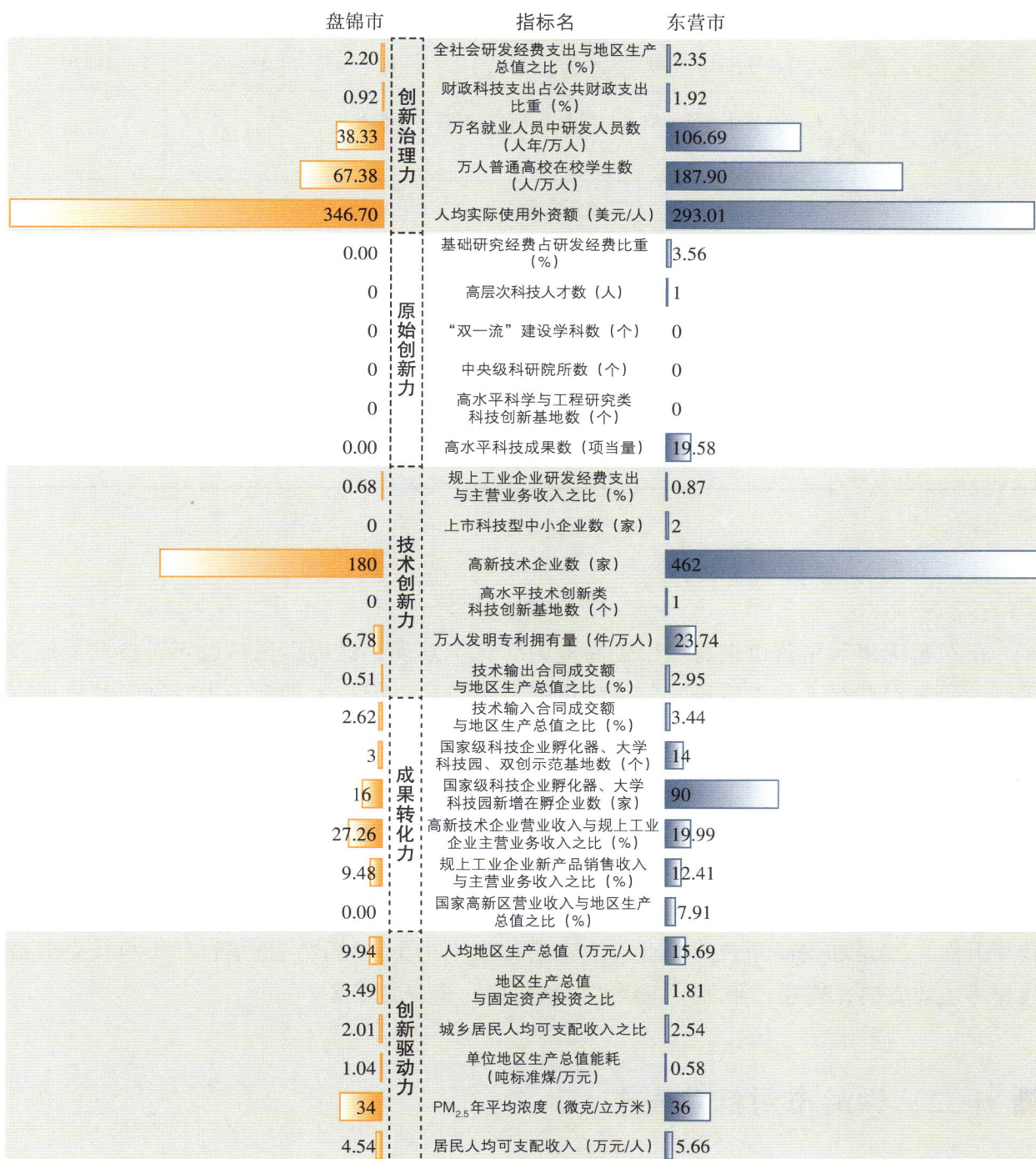

盘锦市		指标名	东营市
2.20	创新治理力	全社会研发经费支出与地区生产总值之比（%）	2.35
0.92		财政科技支出占公共财政支出比重（%）	1.92
38.33		万名就业人员中研发人员数（人年/万人）	106.69
67.38		万人普通高校在校学生数（人/万人）	187.90
346.70		人均实际使用外资额（美元/人）	293.01
0.00	原始创新力	基础研究经费占研发经费比重（%）	3.56
0		高层次科技人才数（人）	1
0		"双一流"建设学科数（个）	0
0		中央级科研院所数（个）	0
0		高水平科学与工程研究类科技创新基地数（个）	0
0.00		高水平科技成果数（项当量）	19.58
0.68	技术创新力	规上工业企业研发经费支出与主营业务收入之比（%）	0.87
0		上市科技型中小企业数（家）	2
180		高新技术企业数（家）	462
0		高水平技术创新类科技创新基地数（个）	1
6.78		万人发明专利拥有量（件/万人）	23.74
0.51		技术输出合同成交额与地区生产总值之比（%）	2.95
2.62	成果转化力	技术输入合同成交额与地区生产总值之比（%）	3.44
3		国家级科技企业孵化器、大学科技园、双创示范基地数（个）	14
16		国家级科技企业孵化器、大学科技园新增在孵企业数（家）	90
27.26		高新技术企业营业收入与规上工业企业主营业务收入之比（%）	19.99
9.48		规上工业企业新产品销售收入与主营业务收入之比（%）	12.41
0.00		国家高新区营业收入与地区生产总值之比（%）	7.91
9.94	创新驱动力	人均地区生产总值（万元/人）	15.69
3.49		地区生产总值与固定资产投资之比	1.81
2.01		城乡居民人均可支配收入之比	2.54
1.04		单位地区生产总值能耗（吨标准煤/万元）	0.58
34		$PM_{2.5}$年平均浓度（微克/立方米）	36
4.54		居民人均可支配收入（万元/人）	5.66

图3-11　盘锦市、东营市城市创新能力指标对比情况（2021年）

2021年盘锦市和东营市城市创新能力突出指标对比情况如表3-11所列。

表3-11　2021年盘锦市和东营市城市创新能力突出指标对比情况

城市创新能力	较为突出指标	盘锦市	东营市
优势	人均实际使用外资额（美元/人）	346.70	293.01
	高新技术企业营业收入与规上工业企业主营业务收入之比（%）	27.26	19.99
	地区生产总值与固定资产投资之比	3.49	1.81
劣势	基础研究经费占研发经费比重（%）	0.00	3.56
	万人发明专利拥有量（件/万人）	6.78	23.74
	技术输出合同成交额与地区生产总值之比（%）	0.51	2.95
	国家级科技企业孵化器、大学科技园新增在孵企业数（家）	16	90

（二）综合评价

在对盘锦市与东营市进行城市创新能力对比中发现，盘锦市虽然近年科技发展成效较好，研发经费投入强度较高，整体经济开放度较高，但技术创新能力特别是基础研究投入相对较弱，高新技术企业和上市科技型中小企业数量仍显不足。与东营市相比，盘锦市基础研究经费占研发经费比重指标差距巨大。

综上建议：一是深入推进市校合作，充分利用大连理工大学盘锦产业技术研究院科研平台，进一步加大基础研究投入，推进盘锦石化及精细化工产业与科技创新深度融合。二是积极推动盘锦高新区晋升国家高新区，推动盘锦市创新型城市建设，推进产业结构转型升级。三是加快高新技术企业、上市科技型中小企业培育，把培育壮大科技企业群体作为主攻方向，构建"雏鹰""瞪羚""独角兽"企业集聚区。

■ 十二、铁岭市对标龙岩市

铁岭市位于辽宁省北部、松辽平原中段，旅游资源丰富。铁岭市总面积13000平方千米，2022年常住人口280.5万人，地区生产总值754.2亿元。

龙岩市位于福建省西部，地处闽粤赣三省交界，是海峡西岸经济区，全国革命老区、中央苏区的重要组成部分。龙岩市总面积19000平方千米，2022年常住人口271.6万人，地区生产总值3314.47亿元。

《国家创新型城市创新能力评价报告2022》中，龙岩市创新能力指数为33.35（排名第86位）。铁岭市和龙岩市在区域创新中都属于矿产资源丰富、旅游业发达，但在科技成果转移转化等方面相对薄弱的城市，整个城市的类型和风格相似。将铁岭市和龙岩市城市创新能力指标进行比对，2021年的情况如图3-12所示。

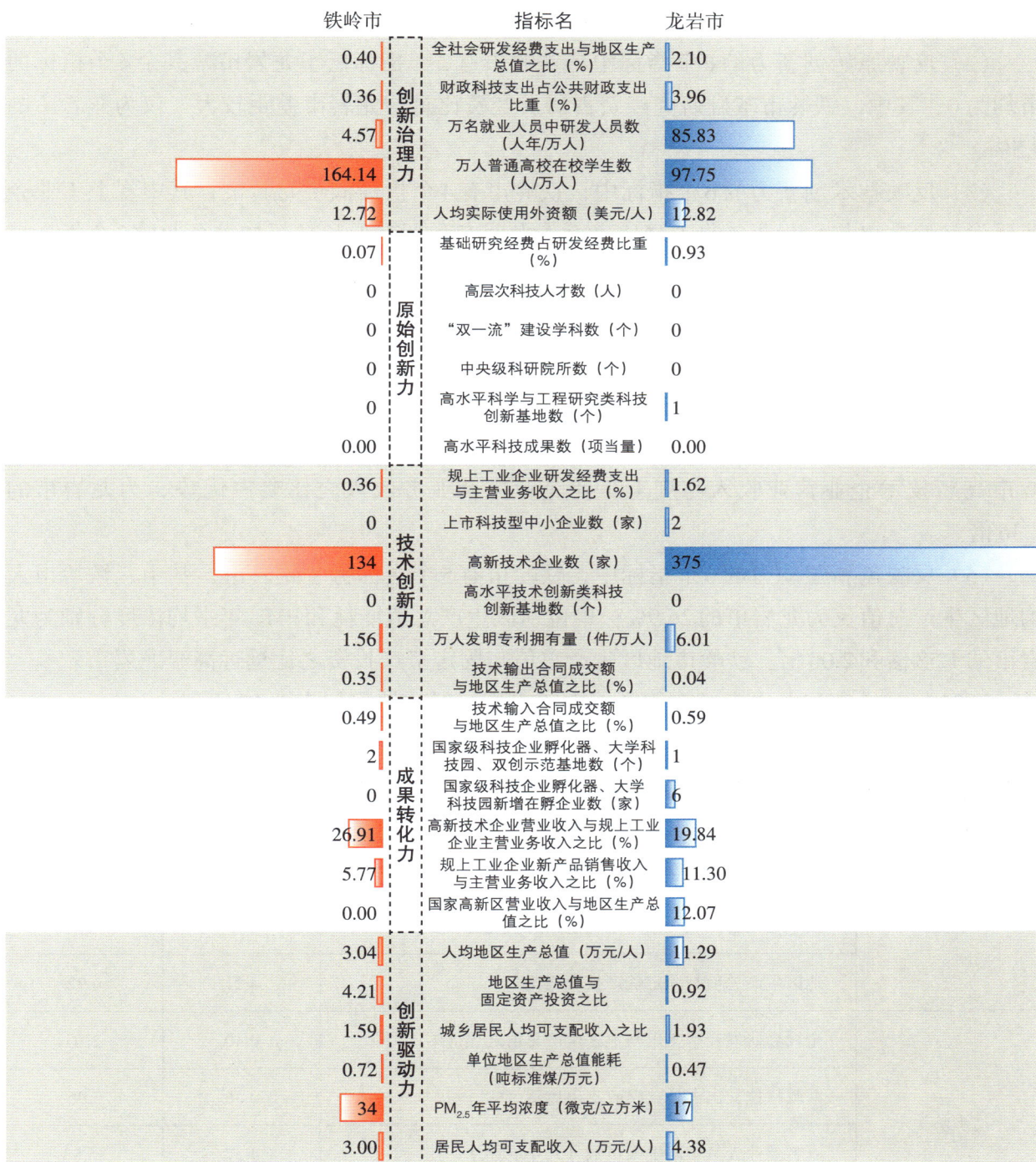

铁岭市		指标名	龙岩市
0.40	创新治理力	全社会研发经费支出与地区生产总值之比（%）	2.10
0.36		财政科技支出占公共财政支出比重（%）	3.96
4.57		万名就业人员中研发人员数（人年/万人）	85.83
164.14		万人普通高校在校学生数（人/万人）	97.75
12.72		人均实际使用外资额（美元/人）	12.82
0.07	原始创新力	基础研究经费占研发经费比重（%）	0.93
0		高层次科技人才数（人）	0
0		"双一流"建设学科数（个）	0
0		中央级科研院所数（个）	0
0		高水平科学与工程研究类科技创新基地数（个）	1
0.00		高水平科技成果数（项当量）	0.00
0.36	技术创新力	规上工业企业研发经费支出与主营业务收入之比（%）	1.62
0		上市科技型中小企业数（家）	2
134		高新技术企业数（家）	375
0		高水平技术创新类科技创新基地数（个）	0
1.56		万人发明专利拥有量（件/万人）	6.01
0.35		技术输出合同成交额与地区生产总值之比（%）	0.04
0.49	成果转化力	技术输入合同成交额与地区生产总值之比（%）	0.59
2		国家级科技企业孵化器、大学科技园、双创示范基地数（个）	1
0		国家级科技企业孵化器、大学科技园新增在孵企业数（家）	6
26.91		高新技术企业营业收入与规上工业企业主营业务收入之比（%）	19.84
5.77		规上工业企业新产品销售收入与主营业务收入之比（%）	11.30
0.00		国家高新区营业收入与地区生产总值之比（%）	12.07
3.04	创新驱动力	人均地区生产总值（万元/人）	11.29
4.21		地区生产总值与固定资产投资之比	0.92
1.59		城乡居民人均可支配收入之比	1.93
0.72		单位地区生产总值能耗（吨标准煤/万元）	0.47
34		$PM_{2.5}$年平均浓度（微克/立方米）	17
3.00		居民人均可支配收入（万元/人）	4.38

图3-12　铁岭市、龙岩市城市创新能力指标对比情况（2021年）

（一）影响一级指标的因素比较

（1）反映创新治理力的5个指标中，铁岭市有1个指标高于龙岩市，有3个指标与龙岩市差距较大。其中，铁岭市万名就业人员中研发人员数仅为龙岩市的5.3%，财政科技支出占公共财政支出比重仅为龙岩市的9.1%，全社会研发经费支出与地区生产总值之比仅为龙岩市的19.0%。

（2）反映原始创新力的6个指标中，铁岭市有2个指标低于龙岩市，其余4个指标两市均为0。其中，铁岭市基础研究经费占研发经费比重与龙岩市差距较大，仅为龙岩市的7.5%。

（3）反映技术创新力的6个指标中，铁岭市有4个指标低于龙岩市，其中规上工业企业研发经费支出与主营业务收入之比、万人发明专利拥有量和高新技术企业数3个指标与龙岩市差距较大，分别为龙岩市的22.2%，26.0%，35.7%。但铁岭市技术输出合同成交额与地区生产总值之比远远高于龙岩市。

（4）反映成果转化力的6个指标中，铁岭市有4个指标低于龙岩市，有2个指标高于龙岩市。其中，铁岭市由于没有国家高新区，国家高新区营业收入与地区生产总值之比为0，另外，规上工业企业新产品销售收入与主营业务收入之比仅为龙岩市的51.1%。铁岭市高新技术企业营业收入与规上工业企业主营业务收入之比略占优势，为龙岩市的1.36倍。

（5）反映创新驱动力的6个指标中，铁岭市有5个指标劣于龙岩市，其中，铁岭市人均地区生产总值仅为龙岩市的26.9%；单位地区生产总值能耗和$PM_{2.5}$年平均浓度分别为龙岩市的1.53倍和2.00倍。铁岭市地区生产总值与固定资产投资之比远远高于龙岩市。

2021年铁岭市和龙岩市城市创新能力突出指标对比情况如表3-12所列。

表3-12 2021年铁岭市和龙岩市城市创新能力突出指标对比情况

城市创新能力	较为突出指标	铁岭市	龙岩市
优势	万人普通高校在校学生数（人/万人）	164.14	97.75
	技术输出合同成交额与地区生产总值之比（%）	0.35	0.04
	地区生产总值与固定资产投资之比	4.21	0.92
劣势	全社会研发经费支出与地区生产总值之比（%）	0.40	2.10
	财政科技支出占公共财政支出比重（%）	0.36	3.96
	万名就业人员中研发人员数（人年/万人）	4.57	85.83
	基础研究经费占研发经费比重（%）	0.07	0.93

（二）综合评价

在对铁岭市与龙岩市进行城市创新能力对比中发现，铁岭市创新治理力、原始创新力、技术创新力、成果转化力明显不足，全社会研发经费支出、财政科技支出和高新技术企业数等方面都远远落后于龙岩市；相较而言，铁岭市技术输出较为活跃，普通高校在校学生数较多。

综上建议：一是充分发挥技术市场活跃优势，加强科技交流与合作，健全技术转移服务体系，推动重大科技成果转化落地。二是依托铁岭市优势的高校和丰富的装备制造企业集聚资源，构建产学研联盟，开展技术攻关和招才引智工作，引领产业技术创新突破。三是夯实基础，建设一批企业孵化器和中试基地等孵化载体，加快科技型中小企业培育。

■ 十三、朝阳市对标宝鸡市

朝阳市位于辽宁省西部，地理位置优越，不仅是我国东北地区与中原地区政治、经济、文化交流的枢纽地带，也是东北历史名城和塞外历代战略要地。朝阳市土地总面积19699平方千米，2022年常住人口279.8万人，地区生产总值995.0亿元。2022年，朝阳市发明专利授权50件，比上年增长78.6%。有效发明专利436件，比上年增长7.7%。2022年技术市场成交各类技术合同197项，比上年下降101%；技术合同成交额9.12亿元，增长36.7%。

宝鸡市地处关中平原西部，不仅是关中平原城市群的重要节点城市，而且是全国文明城市、中国优秀旅游城市、国家森林城市等。宝鸡市下辖4区8县，全市总面积18117平方千米，2022年常住人口326.47万人，地区生产总值2743.1亿元。

《国家创新型城市创新能力评价报告2022》中，宝鸡市创新能力指数为33.42（排名第85位）。朝阳市和宝鸡市在区域创新中都是历史悠久、地理位置优越、企业创新资源丰富的城市，都属于创新集聚区，整个城市的类型和风格相似。将朝阳市和宝鸡市城市创新能力指标进行比对，2021年的情况如图3-13所示。

（一）影响一级指标的因素比较

（1）反映创新治理力的5个指标中，朝阳市的5个指标均低于宝鸡市，有3个指标差距较大。其中，朝阳市人均实际使用外资额仅为宝鸡市的12.97%，财政科技支出占公共财政支出比重为宝鸡市的18.60%，万名就业人员中研发人员数为宝鸡市的19.22%。

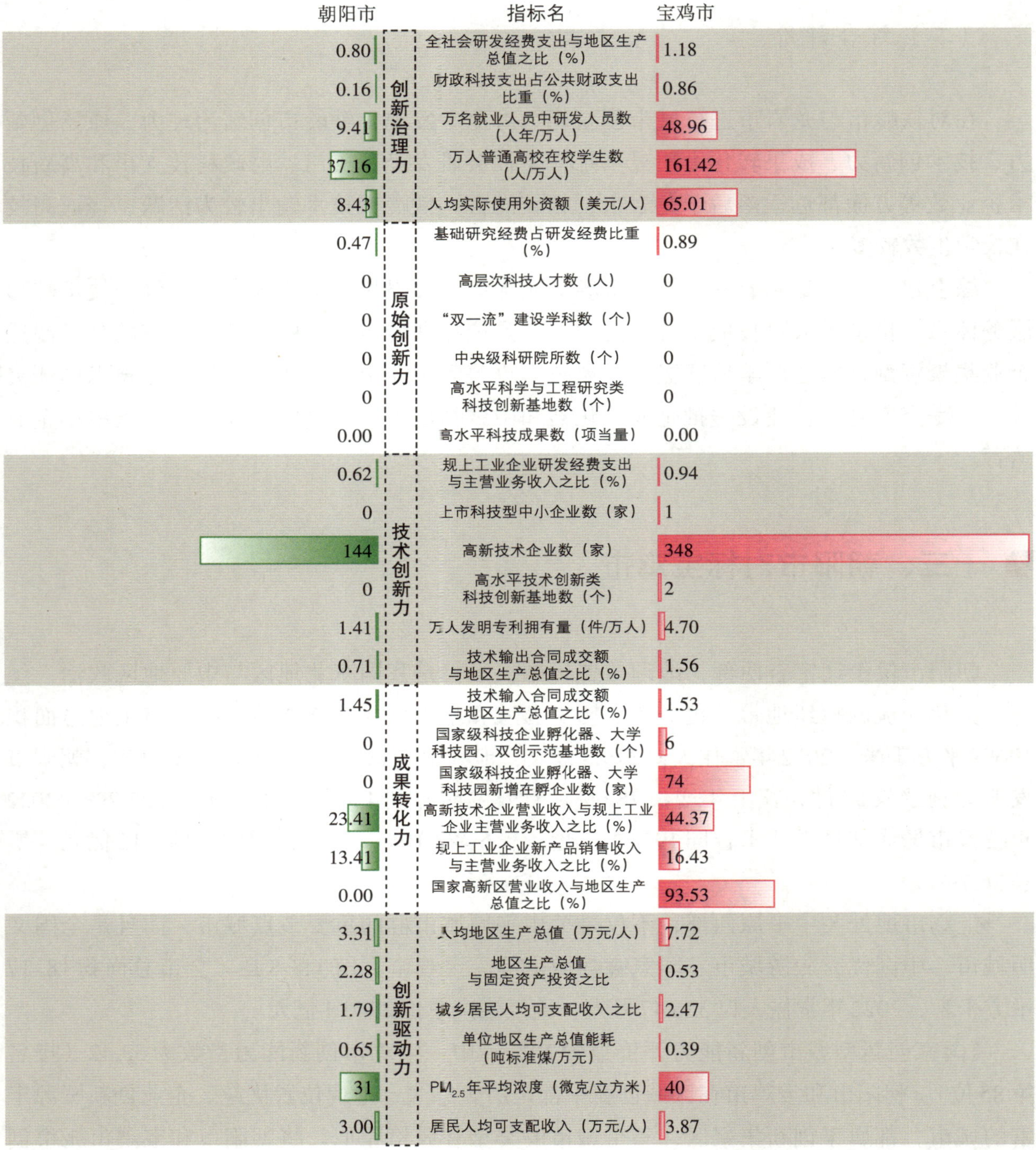

朝阳市		指标名	宝鸡市
0.80	创新治理力	全社会研发经费支出与地区生产总值之比（%）	1.18
0.16		财政科技支出占公共财政支出比重（%）	0.86
9.41		万名就业人员中研发人员数（人年/万人）	48.96
37.16		万人普通高校在校学生数（人/万人）	161.42
8.43		人均实际使用外资额（美元/人）	65.01
0.47	原始创新力	基础研究经费占研发经费比重（%）	0.89
0		高层次科技人才数（人）	0
0		"双一流"建设学科数（个）	0
0		中央级科研院所数（个）	0
0		高水平科学与工程研究类科技创新基地数（个）	0
0.00		高水平科技成果数（项当量）	0.00
0.62	技术创新力	规上工业企业研发经费支出与主营业务收入之比（%）	0.94
0		上市科技型中小企业数（家）	1
144		高新技术企业数（家）	348
0		高水平技术创新类科技创新基地数（个）	2
1.41		万人发明专利拥有量（件/万人）	4.70
0.71		技术输出合同成交额与地区生产总值之比（%）	1.56
1.45	成果转化力	技术输入合同成交额与地区生产总值之比（%）	1.53
0		国家级科技企业孵化器、大学科技园、双创示范基地数（个）	6
0		国家级科技企业孵化器、大学科技园新增在孵企业数（家）	74
23.41		高新技术企业营业收入与规上工业企业主营业务收入之比（%）	44.37
13.41		规上工业企业新产品销售收入与主营业务收入之比（%）	16.43
0.00		国家高新区营业收入与地区生产总值之比（%）	93.53
3.31	创新驱动力	人均地区生产总值（万元/人）	7.72
2.28		地区生产总值与固定资产投资之比	0.53
1.79		城乡居民人均可支配收入之比	2.47
0.65		单位地区生产总值能耗（吨标准煤/万元）	0.39
31		$PM_{2.5}$年平均浓度（微克/立方米）	40
3.00		居民人均可支配收入（万元/人）	3.87

图3-13 朝阳市、宝鸡市城市创新能力指标对比情况（2021年）

（2）反映原始创新力的6个指标中，朝阳市、宝鸡市有5个指标均为0。其中，朝阳市基础研究经费占研发经费比重为0.47，是宝鸡市的52.81%。

（3）反映技术创新力的6个指标中，朝阳市的6个指标均低于宝鸡市。朝阳市没有上市科技型中小企业和高水平技术创新类科技创新基地；万人发明专利拥有量为宝鸡市的30.00%，高新技术企业数及技术输出合同成交额与地区生产总值之比不及宝鸡市的一半。

（4）反映成果转化力的6个指标中，朝阳市国家级科技企业孵化器、大学科技园、双创示范基地，国家高新区营业收入与地区生产总值之比及国家级科技企业孵化器、大学科技园新增在孵企业数3个指标均为0；其他3个指标中有1个指标与宝鸡市基本持平，即技术输入合同成交额与地区生产总值之比，其中高新技术企业营业收入与规上工业企业主营业务收入之比为宝鸡市的52.76%。

（5）反映创新驱动力的6个指标中，朝阳市有2个指标明显高于宝鸡市，有4个指标低于宝鸡市。其中，朝阳市单位地区生产总值能耗是宝鸡市的1.67倍，人均地区生产总值是宝鸡市的42.88%。

2021年朝阳市和宝鸡市城市创新能力突出指标对比情况如表3-13所列。

表3-13　2021年朝阳市和宝鸡市城市创新能力突出指标对比情况

城市创新能力	较为突出指标	朝阳市	宝鸡市
优势	地区生产总值与固定资产投资之比	2.28	0.53
劣势	财政科技支出占公共财政支出比重（%）	0.16	0.86
	万名就业人员中研发人员数（人年/万人）	9.41	48.96
	人均实际使用外资额（美元/人）	8.43	65.01
	高新技术企业数（家）	144	348
	万人发明专利拥有量（件/万人）	1.41	4.70
	国家级科技企业孵化器、大学科技园、双创示范基地数（个）	0	6

（二）综合评价

在对朝阳市与宝鸡市进行城市创新能力对比中发现，朝阳市原始创新力、创新治理力相对较弱，但整体经济开放度较好，地区生产总值与固定资产投资之比较大，高新技术企业虽然近几年有较为快速的增长，但数量仍显不足；朝阳市财政投入力度不够，其中，财政科技支出占公共财政支出比重仅为宝鸡市的18.60%。

综上建议：一是加大科技投入的同时，发挥辽西毗邻京津冀的区位优势，深化与京津冀资源要素双向流动，加速科技成果转化。二是加速高新技术产业化，利用先进技术改造、提升传统产业，推进资源优势形成产业优势。三是加快建设高新技术企业，激发企业的创新活力，培育一批拥有自主知识产权的创新型企业和高新技术企业，按照梯度培育的工作路径，实行一企一策、分类推进，对不同的企业采取个性化的分类指导。

十四、葫芦岛市对标秦皇岛市

葫芦岛市地处辽宁省西部沿海，东与锦州市为邻，西与山海关毗连，南临渤海湾，北与朝阳市接壤，与大连市、营口市、秦皇岛市、青岛市等城市构成环渤海经济圈，是我国东北地区进入关内的重要门户。葫芦岛市总面积10400平方千米，2022年常住人口270.3万人，地区生产总值870.6亿元。2022年，葫芦岛市专利授权1347件，其中发明专利授权104件；商标申请3046件、注册2839件。拥有有效发明专利量632件，有效商标注册量17557件。全市科技型中小企业注册数224家，"瞪羚"企业12家，"雏鹰"企业58家，高新技术企业113家。

秦皇岛市是河北省地级市，是世界级汽车轮毂制造基地和我国最大的铝制品生产加工基地，也是北方最大的粮油加工基地。秦皇岛市还是中国首批沿海开放城市、中国海滨城市、东北亚重要的对外贸易口岸，地处环渤海经济圈中心地带，是东北与华北两大经济区的接合部，也是世界第一大能源输出港。秦皇岛市陆域面积7802平方千米，海域面积1805平方千米，2022年常住人口309.81万人，地区生产总值1909.52亿元。

《国家创新型城市创新能力评价报告2022》中，秦皇岛市创新能力指数为44.57（排名第64位）。葫芦岛市和秦皇岛市在区域创新中都属于环渤海经济圈的城市，整体城市类型和风格相似，均是港口、旅游城市。将葫芦岛市和秦皇岛市城市创新能力指标进行比对，2021年的情况如图3-14所示。

（一）影响一级指标的因素比较

（1）反映创新治理力的5个指标中，葫芦岛市均低于秦皇岛市，其中有1个指标差距最大，葫芦岛市人均实际使用外资额仅为秦皇岛市的0.92%；万人普通高校在校学生数、财政科技支出占公共财政支出比重分别为秦皇岛市的16.28%，18.89%。

（2）反映原始创新力的6个指标中，葫芦岛市有1个指标高于秦皇岛市，有1个指标两市均为0，其余4个指标葫芦岛市均低于秦皇岛市。其中，葫芦岛市基础研究经费占研发经费比重仅为秦皇岛市的8.79%，葫芦岛市无高层次科技人才、高水平科学与工程研究类科技创新基地及高水平科技成果，因此这些指标远远落后于秦皇岛市。

（3）反映技术创新力的6个指标中，有1个指标两市均为0，其余5个指标两市有差距。其中，葫芦岛市技术输出合同成交额与地区生产总值之比为秦皇岛市的12.08%，万人发明专利拥有量为秦皇岛市的15.17%，高新技术企业数为秦皇岛市的26.54%。

（4）反映成果转化力的6个指标中，葫芦岛市有2个指标高于秦皇岛市，有3个指标低于秦皇岛市，且两市均无国家高新区。其中，葫芦岛市无国家级科技企业孵化器、大

葫芦岛市　　　　　指标名　　　　秦皇岛市

葫芦岛市	指标名	秦皇岛市
0.62	全社会研发经费支出与地区生产总值之比（%）	1.68
0.17	财政科技支出占公共财政支出比重（%）	0.90
10.81	万名就业人员中研发人员数（人年/万人）	49.68
50.30	万人普通高校在校学生数（人/万人）	309.05
4.33	人均实际使用外资额（美元/人）	471.33
0.70	基础研究经费占研发经费比重（%）	7.96
0	高层次科技人才数（人）	2
0	"双一流"建设学科数（个）	0
2	中央级科研院所数（个）	1
0	高水平科学与工程研究类科技创新基地数（个）	1
0.00	高水平科技成果数（项当量）	17.44
0.36	规上工业企业研发经费支出与主营业务收入之比（%）	0.89
0	上市科技型中小企业数（家）	2
95	高新技术企业数（家）	358
0	高水平技术创新类科技创新基地数（个）	0
2.18	万人发明专利拥有量（件/万人）	14.37
0.36	技术输出合同成交额与地区生产总值之比（%）	2.98
3.44	技术输入合同成交额与地区生产总值之比（%）	1.16
0	国家级科技企业孵化器、大学科技园、双创示范基地数（个）	9
0	国家级科技企业孵化器、大学科技园新增在孵企业数（家）	58
19.27	高新技术企业营业收入与规上工业企业主营业务收入之比（%）	45.89
28.69	规上工业企业新产品销售收入与主营业务收入之比（%）	20.03
0.00	国家高新区营业收入与地区生产总值之比（%）	0.00
3.48	人均地区生产总值（万元/人）	5.88
3.31	地区生产总值与固定资产投资之比	3.05
2.13	城乡居民人均可支配收入之比	2.39
0.70	单位地区生产总值能耗（吨标准煤/万元）	0.90
38	PM$_{2.5}$年平均浓度（微克/立方米）	34
3.49	居民人均可支配收入（万元/人）	4.26

创新治理力／原始创新力／技术创新力／成果转化力／创新驱动力

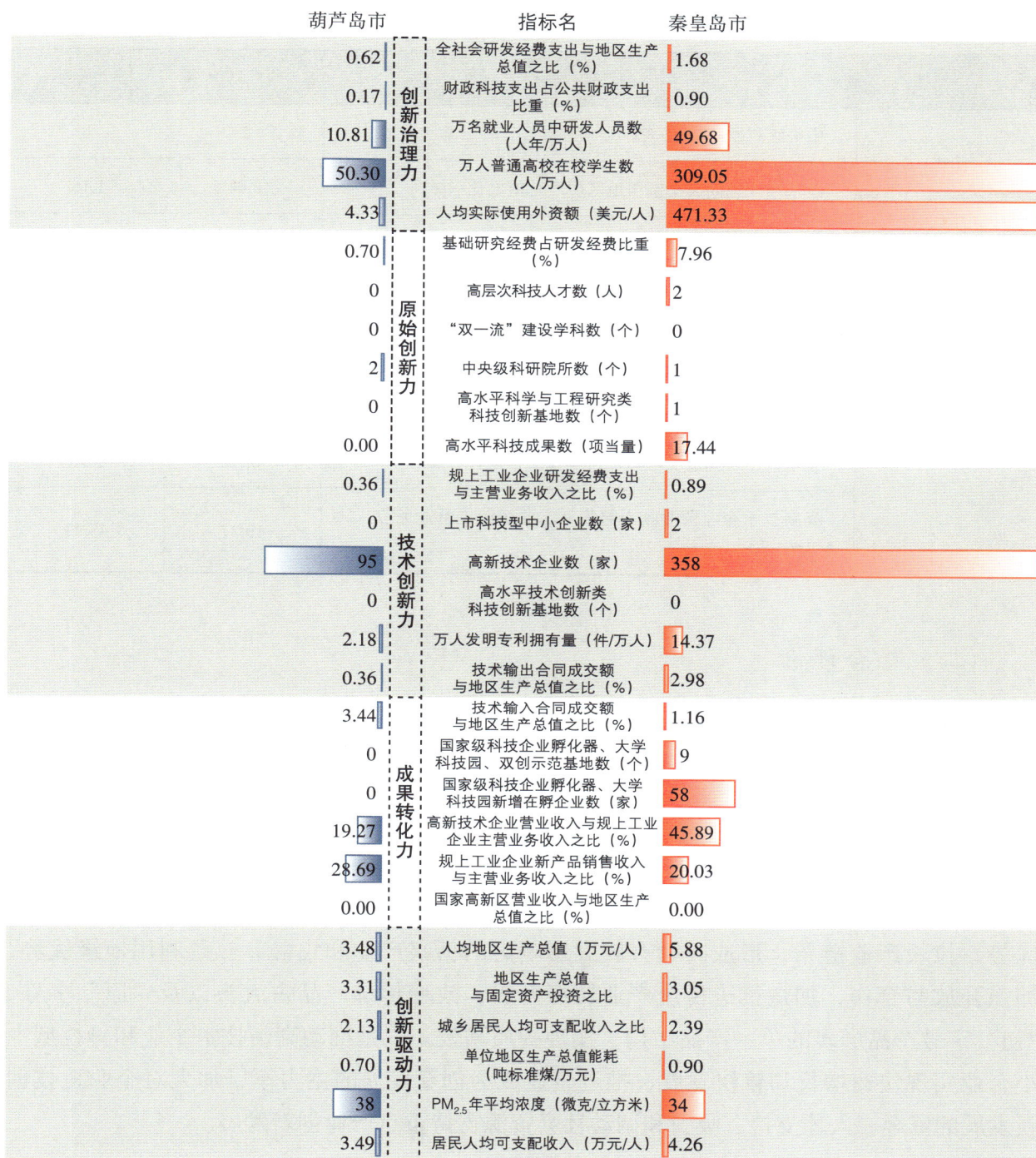

图3-14　葫芦岛市、秦皇岛市城市创新能力指标对比情况（2021年）

学科技园、双创示范基地，高新技术企业营业收入与规上工业企业主营业务收入之比为秦皇岛市的41.99%。

（5）反映创新驱动力的6个指标中，葫芦岛市有2个指标略高于秦皇岛市，有4个指标低于秦皇岛市。其中，葫芦岛市人均地区生产总值为秦皇岛市的59.18%。

2021年葫芦岛市和秦皇岛市城市创新能力突出指标对比情况如表3-14所列。

表3-14　2021年葫芦岛市和秦皇岛市城市创新能力突出指标对比情况

城市创新能力	较为突出指标	葫芦岛市	秦皇岛市
优势	中央级科研院所数（个）	2	1
	技术输入合同成交额与地区生产总值之比（%）	3.44	1.16
劣势	万人普通高校在校学生数（人/万人）	50.30	309.05
	人均实际使用外资额（美元/人）	4.33	471.33
	基础研究经费占研发经费比重（%）	0.70	7.96
	万人发明专利拥有量（件/万人）	2.18	14.37
	技术输出合同成交额与地区生产总值之比（%）	0.36	2.98
	高新技术企业营业收入与规上工业企业主营业务收入之比（%）	19.27	45.89

（二）综合评价

在对葫芦岛市与秦皇岛市进行城市创新能力对比中发现，葫芦岛市的区域创新能力整体偏弱，科技创新投入不足，特别是基础研究投入短缺，基础研究经费占研发经费比重仅为秦皇岛市的8.79%；创新动力不强，无上市科技型中小企业；知识产权创造、转化能力不足；整体经济开放度不够，葫芦岛市人均实际使用外资额远低于秦皇岛市。

综上建议：一是在重点领域攻克一批关键核心技术，开发一批重大产品，扩大产业优势，拉长产业链条，形成一批有较大影响力的新兴产业和集群。二是利用地缘优势，加强开放与合作，加快推进传统产业转型升级，改变传统产品占大头以及"原"字号、"初"字号产品居多的单一产品结构，实现提质增效。三是推动高新技术企业和科技型中小企业实现快速增长和较快发展，推进企业成为创新发展的主力军，加大对企业科技创新发展的资金、人才支持，吸引和调动社会资源支持重点产业创新发展。

附　录

■ 一、评价指标体系、评价方法

（一）评价指标体系

创新是引领发展的第一动力，是建设现代化经济体系的战略支撑。辽宁省是东北老工业基地振兴发展的主要力量，当前，辽宁省正处于发展动能转换、产业结构提质升级、经济社会协调并进的爬坡过坎的关键阶段。准确梳理辽宁省区域创新能力水平，发挥辽宁省区域创新优势，实现科技创新高质量发展，以更好地加大科技创新的政策、资源和机制支撑力度，更好地体现高质量发展的经济社会成效，是《报告》的逻辑起点和落脚点。

具体来说，《报告》以《建设创新型城市工作指引》（国科发创〔2016〕370号）中的指标体系为基础，以《国家创新型城市创新能力评价报告2022》为指导，紧扣"以科技创新作为经济发展核心驱动力"这一高质量发展和建设创新型城市的根本要求，以中国科学技术信息研究所多年形成的评价方法及相关理论研究为支撑，结合对标城市发展特点和重点关注的科技指标，建立辽宁省区域创新能力评价指标体系，通过指标体系和数理分析技术形成辽宁省各城市创新能力指数，进而比较和判断城市间创新能力水平，引导城市探索各具特色的创新发展道路。

在具体指标的选择上，为保证数据的权威性和可靠性，编写组按照规范、权威的原则，尽量采用已纳入国家或部门统计标准的统计指标，构建了一个包括创新治理力、原始创新力、技术创新力、成果转化力和创新驱动力5个一级指标，财政科技支出占公共财政支出比重、全社会研发经费支出与地区生产总值之比、高新技术企业数等29个二级指标的辽宁省创新型城市创新能力评价指标体系，如表F-1所列。

表F-1　辽宁省创新型城市创新能力评价指标体系

一级指标	序号	二级指标
创新治理力	1	全社会研发经费支出与地区生产总值之比（%）
	2	财政科技支出占公共财政支出比重（%）

表F-1（续）

一级指标	序号	二级指标
	3	万名就业人员中研发人员数（人年/万人）
	4	万人普通高校在校学生数（人/万人）
	5	人均实际使用外资额（美元/人）
原始创新力	6	基础研究经费占研发经费比重（%）
	7	高层次科技人才数（人）
	8	"双一流"建设学科数（个）
	9	中央级科研院所数（个）
	10	高水平科学与工程研究类科技创新基地数（个）
	11	高水平科技成果数（项当量）
技术创新力	12	规上工业企业研发经费支出与主营业务收入之比（%）
	13	上市科技型中小企业数（家）
	14	高新技术企业数（家）
	15	高水平技术创新类科技创新基地数（个）
	16	万人发明专利拥有量（件/万人）
	17	技术输出合同成交额与地区生产总值之比（%）
成果转化力	18	技术输入合同成交额与地区生产总值之比（%）
	19	国家级科技企业孵化器、大学科技园、双创示范基地数（个）
	20	国家级科技企业孵化器、大学科技园新增在孵企业数（家）
	21	高新技术企业营业收入与规上工业企业主营业务收入之比（%）
	22	规上工业企业新产品销售收入与主营业务收入之比（%）
	23	国家高新区营业收入与地区生产总值之比（%）
创新驱动力	24	人均地区生产总值（万元/人）
	25	地区生产总值与固定资产投资之比
	26	城乡居民人均可支配收入之比
	27	单位地区生产总值能耗（吨标准煤/万元）
	28	$PM_{2.5}$年平均浓度（微克/立方米）
	29	居民人均可支配收入（万元/人）

（二）评价方法

在比较国内外赋权方法优劣的基础上，本《报告》指标体系权重采用"逐级等权法"进行权数的分配，即各领域的权数均为1/5；在某一领域内，指标对所属领域的权重为$1/n$

（n 为该领域下指标的个数）；因此，指标最终权数为 1/（5n），即 1/29。

辽宁省区域创新能力评价包括对省内城市进行统一评价和分类评价，相对应的指标权重见表F-2和F-3。

表F-2　2021年辽宁省区域创新能力评价统一评价指标权重

一级指标	二级指标	权数
创新治理力 1/5	全社会研发经费支出与地区生产总值之比（%）	1/29
	财政科技支出占公共财政支出比重（%）	1/29
	万名就业人员中研发人员数（人年/万人）	1/29
	万人普通高校在校学生数（人/万人）	1/29
	人均实际使用外资额（美元/人）	1/29
原始创新力 1/5	基础研究经费占研发经费比重（%）	1/29
	高层次科技人才数（人）	1/29
	"双一流"建设学科数（个）	1/29
	中央级科研院所数（个）	1/29
	高水平科学与工程研究类科技创新基地数（个）	1/29
	高水平科技成果数（项当量）	1/29
技术创新力 1/5	规上工业企业研发经费支出与主营业务收入之比（%）	1/29
	上市科技型中小企业数（家）	1/29
	高新技术企业数（家）	1/29
	高水平技术创新类科技创新基地数（个）	1/29
	万人发明专利拥有量（件/万人）	1/29
	技术输出合同成交额与地区生产总值之比（%）	1/29
成果转化力 1/5	技术输入合同成交额与地区生产总值之比（%）	1/29
	国家级科技企业孵化器、大学科技园、双创示范基地数（个）	1/29
	国家级科技企业孵化器、大学科技园新增在孵企业数（家）	1/29
	高新技术企业营业收入与规上工业企业主营业务收入之比（%）	1/29
	规上工业企业新产品销售收入与主营业务收入之比（%）	1/29
	国家高新区营业收入与地区生产总值之比（%）	1/29
创新驱动力 1/5	人均地区生产总值（万元/人）	1/29
	地区生产总值与固定资产投资之比	1/29
	城乡居民人均可支配收入之比	1/29
	单位地区生产总值能耗（吨标准煤/万元）	1/29
	$PM_{2.5}$年平均浓度（微克/立方米）	1/29
	居民人均可支配收入（万元/人）	1/29

表F-3　2021年辽宁省区域创新能力评价分类评价指标权重

一级指标	统一评价权重（%）	分类评价权重（%）		
		创新策源地	创新增长极	创新应用区
创新治理力	20	20	20	20
原始创新力	20	40	10	10
技术创新力	20	10	40	10
成果转化力	20	10	10	40
创新驱动力	20	20	20	20

各一级指标下二级指标的权重总体上遵循平均分配的原则，对全社会研发经费支出与地区生产总值之比、财政科技支出占公共财政支出比重、规上工业企业研发经费支出与主营业务收入之比、技术合同成交额与地区生产总值之比、高新技术企业数、高新技术企业营业收入与规上工业企业主营业务收入之比等创新发展的关键指标适当调增权重。

■ 二、指标解释

（一）创新治理力

科技创新治理体系是治理体系在创新领域的延伸，指用"治理"理念和方法对科技创新公共事务进行管理，强调多元参与、民主协商和依法治理，包括科技创新体制机制和法律政策体系。科技创新治理能力主要体现为创新方面的科学决策、制度建设和制度执行能力。

（1）全社会研发经费支出与地区生产总值之比。它是国际上通用的衡量国家和地区科技投入水平最为重要、最为综合的指标。R&D经费支出是指一个统计年度内用于基础研究、应用研究和试验发展的经费支出，包括实际用于R&D活动的人员劳务费、原材料费、固定资产购建费、管理费及其他费用支出。R&D经费支出是反映地区R&D活动规模、评价科技实力和创新能力及经济发展方式的重要指标。R&D经费支出与GDP之比通常被称为R&D经费投入强度，与经济增长存在显著的正相关关系。

（2）财政科技支出占公共财政支出比重。它是衡量地方政府科技投入力度的重要指标。财政科技支出是指政府及其相关部门为支持科技活动而进行的经费支出。一般来说，是指国家财政预算内安排的科研支出。

（3）万名就业人员中研发人员数。研发人员是指调查单位内部从事基础研究、应用研究和试验发展三类活动的全时人员加非全时人员按照工作量折算为全时人员数的总和。就业人员是指在16周岁及以上，从事一定社会劳动并取得劳动报酬或经营收入的人员。

其计算公式如下：万名就业人员中研发人员数=（研发人员/就业人员数）×10000。

（4）万人普通高校在校学生数。普通高校是指通过国家普通高等学校招生全国统一考试，招收高中毕业生为主要培养对象，实施高等学历教育的全日制大学、独立设置的学院、独立学院和高等专科学校、高等职业学校及其他普通高教机构。其计算公式如下：万人普通高校在校学生数=（普通高校在校学生数/常住人口）×10000。

（5）人均实际使用外资额。它是反映一个地区吸引国外资本能力的重要指标。实际利用外资额是我国各级政府、部门、企业和其他经济组织通过对外借款、吸收外商直接投资及用其他方式筹措境外现汇、设备、技术等资源的过程中，根据投资协议（合同）实际执行的投资额。

（二）原始创新力

原始性创新是最根本的创新，是最能体现智慧的创新，是一个民族对人类文明进步作出贡献的重要体现。原始性创新是指前所未有的重大科学发现、技术发明、原理性主导技术等创新成果。原始性创新意味着在研究开发方面，特别是在基础研究和高技术研究领域取得独有的发现或发明。

（1）基础研究经费占研发经费比重。基础研究指为了获得关于现象和可观察事实的基本原理的新知识（揭示客观事物的本质、运动规律，获得新发现、新学说）而进行的实验性或理论性研究，它不以任何专门或特定的应用或使用为目的，其成果以科学论文和科学著作为主要形式。

（2）高层次科技人才数。它是指中国科学院、中国工程院等国家最高学术机构认定的高层次人才的数量。

（3）"双一流"建设学科数。它是指教育部、财政部、国家发展和改革委员会按照《统筹推进世界一流大学和一流学科建设实施办法（暂行）》认定的世界一流学科的数量。

（4）中央级科研院所数。它是指中国科学院、农业农村部等国家部委所属科研院所（不含军口）的数量。

（5）高水平科学与工程研究类科技创新基地数。它是指国家实验室、全国重点实验室、省部共建全国重点实验室等高水平科学与工程研究基地的数量。

（6）高水平科技成果数。它是指获得国家自然科学奖、国家科学技术进步奖和国家技术发明奖的科技成果，按照奖项的等级（以各等级奖项所颁发的奖金金额确定等级权重）和参与单位的排序（排在前面的单位权重较高）的加权平均数。

（三）技术创新力

技术创新能力是指以现有的思维模式提出有别于常规或常人思路的见解为导向，利用现有的知识和物质，在特定的环境中，本着理想化需要或为满足社会需求而改进或创造新技术的能力。

（1）规上工业企业研发经费支出与主营业务收入之比。它是衡量企业科技经费投入的重要指标。主营业务收入是指企业经常性的、主要业务所产生的收入，在企业收入中所占的比重较大，包括销售产品、半成品和提供工业性劳务作业的收入。

（2）上市科技型中小企业数。它是指在上海证券交易所科创板、深圳证券交易所创业板和北京证券交易所主板上市的企业数量。其计算公式如下：上市科技型中小企业数=上海证券交易所科创板上市企业数+深圳证券交易所创业板上市企业数+北京证券交易所主板上市企业数。

（3）高新技术企业数。它是指经各级高新技术企业认定办公室认定，获得高新技术企业证书，且证书于报告期年度尚在有效期内的企业数量。

（4）高水平技术创新类科技创新基地数。它是指国家技术创新中心、国家工程技术研究中心、国家临床医学研究中心等高水平技术创新基地的数量。

（5）万人发明专利拥有量。它是指每万人拥有经国内外知识产权行政部门授权且在有效期内的发明专利件数。万人发明专利拥有量是衡量一个国家或地区科研产出质量和市场应用水平的综合指标。

（6）技术输出合同成交额与地区生产总值之比。它是衡量一个地区技术成果转化能力的重要指标。技术输出合同成交额是指在各级技术市场管理办公室认定登记的技术合同（如技术开发合同、技术转让合同、技术咨询合同、技术服务合同等）的合同标的金额的总和。

（四）成果转化力

科技成果转化是指为提高生产力水平而对科学研究与技术开发所产生的具有实用价值的科技成果所进行的后续试验、开发、应用、推广，直至形成新产品、新工艺、新材料及发展新产业等活动。

（1）技术输入合同成交额与地区生产总值之比。它是衡量一个地区吸纳技术成果能力的重要指标。

（2）国家级科技企业孵化器、大学科技园、双创示范基地数。它是指国家级创新创业载体的数量。

（3）国家级科技企业孵化器、大学科技园新增在孵企业数。它是指在国家级创新创业载体中入驻的企业数量。

（4）高新技术企业营业收入与规上工业企业主营业务收入之比。它是衡量一个地区高新技术产业发展水平的重要指标。

（5）规上工业企业新产品销售收入与主营业务收入之比。规上工业企业新产品销售收入是按照国家统计局规模以上工业企业科技活动统计指标中新产品的定义统计的销售收入，与主营业务收入比较可以反映地区工业企业采用新技术原理、新设计构思研制、生产的全新产品，或在结构、材质、工艺等某一方面比原有产品有明显改进，从而显著提高了产品性能或扩大了使用功能的产品对主营业务收入的影响作用。

（6）国家高新区营业收入与地区生产总值之比。它是指国家高新区企业营业收入与全口径地区生产总值的比值。

（五）创新驱动力

创新驱动力是推动一个国家和民族向前发展的力量源泉。

（1）人均地区生产总值。它是衡量人民生活水平、经济发展状况的重要宏观经济指标，是人们了解和把握一个地区的宏观经济运行状况的有效工具，即人均GDP。

（2）地区生产总值与固定资产投资之比。固定资产投资是指城镇和农村各种登记注册类型的企业、事业、行政单位及城镇个体户进行的计划总投资500万元及以上的建设项目投资和房地产开发投资。其计算公式如下：地区生产总值与固定资产投资之比=地区生产总值/固定资产投资。

（3）城乡居民人均可支配收入之比。居民可支配收入是指居民可用于最终消费支出和储蓄的总和，即居民可用于自由支配的收入。其计算公式如下：城乡居民人均可支配收入之比=城镇居民可支配收入/农村居民可支配收入。

（4）单位地区生产总值能耗。它是衡量一个地区能耗水平的综合指标，通常以万元GDP消耗的能源（折算为标准煤）来计算。

（5）$PM_{2.5}$年平均浓度。它是反映空气污染程度的重要指标。$PM_{2.5}$是指直径小于或等于2.5 μm的尘埃或飘尘在环境空气中的浓度。

（6）居民人均可支配收入。它是指居民可用于最终消费支出和储蓄的总和，即居民可用于自由支配的收入。既包括现金收入，也包括实物收入。按照收入的来源，可支配收入包含四项，分别为工资性收入、经营性净收入、财产性净收入和转移性净收入。

三、辽宁省区域创新能力监测

（一）城市创新能力指标监测

1. 沈阳市
2021年沈阳市创新能力监测指标如表F-4所列。

表 F-4　2021年沈阳市创新能力监测指标①

指标名称	2021年
全社会研发经费支出与地区生产总值之比（%）	2.97
财政科技支出占公共财政支出比重（%）	2.27
万名就业人员中研发人员数（人年/万人）	142.34
万人普通高校在校学生数（人/万人）	495.16
人均实际使用外资额（美元/人）	90.45
基础研究经费占研发经费比重（%）	6.02
高层次科技人才数（人）	21
"双一流"建设学科数（个）	3
中央级科研院所数（个）	16
高水平科学与工程研究类科技创新基地数（个）	9
高水平科技成果数（项当量）	83.64
规上工业企业研发经费支出与主营业务收入之比（%）	1.45
上市科技型中小企业数（家）	9
高新技术企业数（家）	3360
高水平技术创新类科技创新基地数（个）	7
万人发明专利拥有量（件/万人）	25.48
技术输出合同成交额与地区生产总值之比（%）	4.64
技术输入合同成交额与地区生产总值之比（%）	2.23
国家级科技企业孵化器、大学科技园、双创示范基地数（个）	43
国家级科技企业孵化器、大学科技园新增在孵企业数（家）	295
高新技术企业营业收入与规上工业企业主营业务收入之比（%）	48.09
规上工业企业新产品销售收入与主营业务收入之比（%）	21.18
国家高新区营业收入与地区生产总值之比（%）	26.29
人均地区生产总值（万元/人）	7.97
地区生产总值与固定资产投资之比	4.65
城乡居民人均可支配收入之比	2.33
单位地区生产总值能耗（吨标准煤/万元）	0.35
$PM_{2.5}$年平均浓度（微克/立方米）	38
居民人均可支配收入（万元/人）	5.06

① 数据来源：国家统计局、科学技术部、财政部等权威部门的统计、调查和中国科学技术信息研究所、辽宁省科学技术厅科技统计中心等，后同。

2. 大连市

2021年大连市创新能力监测指标如表F–5所列。

表F–5　2021年大连市创新能力监测指标

指标名称	2021年
全社会研发经费支出与地区生产总值之比（%）	3.02
财政科技支出占公共财政支出比重（%）	2.17
万名就业人员中研发人员数（人年/万人）	156.22
万人普通高校在校学生数（人/万人）	445.81
人均实际使用外资额（美元/人）	224.93
基础研究经费占研发经费比重（%）	8.90
高层次科技人才数（人）	27
"双一流"建设学科数（个）	4
中央级科研院所数（个）	6
高水平科学与工程研究类科技创新基地数（个）	6
高水平科技成果数（项当量）	77.99
规上工业企业研发经费支出与主营业务收入之比（%）	1.68
上市科技型中小企业数（家）	9
高新技术企业数（家）	3056
高水平技术创新类科技创新基地数（个）	4
万人发明专利拥有量（件/万人）	26.97
技术输出合同成交额与地区生产总值之比（%）	4.14
技术输入合同成交额与地区生产总值之比（%）	1.83
国家级科技企业孵化器、大学科技园、双创示范基地数（个）	47
国家级科技企业孵化器、大学科技园新增在孵企业数（家）	240
高新技术企业营业收入与规上工业企业主营业务收入之比（%）	33.33
规上工业企业新产品销售收入与主营业务收入之比（%）	12.82
国家高新区营业收入与地区生产总值之比（%）	47.32
人均地区生产总值（万元/人）	10.48
地区生产总值与固定资产投资之比	6.42
城乡居民人均可支配收入之比	2.13
单位地区生产总值能耗（吨标准煤/万元）	0.50
PM$_{2.5}$年平均浓度（微克/立方米）	28
居民人均可支配收入（万元/人）	5.05

3. 鞍山市

2021年鞍山市创新能力监测指标如表F-6所列。

表F-6　2021年鞍山市创新能力监测指标

指标名称	2021年
全社会研发经费支出与地区生产总值之比（%）	1.27
财政科技支出占公共财政支出比重（%）	0.23
万名就业人员中研发人员数（人年/万人）	32.00
万人普通高校在校学生数（人/万人）	119.08
人均实际使用外资额（美元/人）	5.54
基础研究经费占研发经费比重（%）	1.73
高层次科技人才数（人）	3
"双一流"建设学科数（个）	0
中央级科研院所数（个）	1
高水平科学与工程研究类科技创新基地数（个）	1
高水平科技成果数（项当量）	3.56
规上工业企业研发经费支出与主营业务收入之比（%）	0.57
上市科技型中小企业数（家）	3
高新技术企业数（家）	411
高水平技术创新类科技创新基地数（个）	1
万人发明专利拥有量（件/万人）	13.01
技术输出合同成交额与地区生产总值之比（%）	0.74
技术输入合同成交额与地区生产总值之比（%）	2.12
国家级科技企业孵化器、大学科技园、双创示范基地数（个）	3
国家级科技企业孵化器、大学科技园新增在孵企业数（家）	51
高新技术企业营业收入与规上工业企业主营业务收入之比（%）	21.02
规上工业企业新产品销售收入与主营业务收入之比（%）	8.46
国家高新区营业收入与地区生产总值之比（%）	48.88
人均地区生产总值（万元/人）	5.72
地区生产总值与固定资产投资之比	3.81
城乡居民人均可支配收入之比	1.95
单位地区生产总值能耗（吨标准煤/万元）	0.78
$PM_{2.5}$年平均浓度（微克/立方米）	39
居民人均可支配收入（万元/人）	4.10

4. 抚顺市

2021年抚顺市创新能力监测指标如表F–7所列。

表 F–7　2021年抚顺市创新能力监测指标

指标名称	2021年
全社会研发经费支出与地区生产总值之比（%）	1.74
财政科技支出占公共财政支出比重（%）	0.24
万名就业人员中研发人员数（人年/万人）	29.13
万人普通高校在校学生数（人/万人）	261.83
人均实际使用外资额（美元/人）	1.73
基础研究经费占研发经费比重（%）	3.10
高层次科技人才数（人）	1
"双一流"建设学科数（个）	0
中央级科研院所数（个）	1
高水平科学与工程研究类科技创新基地数（个）	1
高水平科技成果数（项当量）	0.69
规上工业企业研发经费支出与主营业务收入之比（%）	1.01
上市科技型中小企业数（家）	0
高新技术企业数（家）	213
高水平技术创新类科技创新基地数（个）	0
万人发明专利拥有量（件/万人）	4.82
技术输出合同成交额与地区生产总值之比（%）	0.56
技术输入合同成交额与地区生产总值之比（%）	0.51
国家级科技企业孵化器、大学科技园、双创示范基地数（个）	1
国家级科技企业孵化器、大学科技园新增在孵企业数（家）	0
高新技术企业营业收入与规上工业企业主营业务收入之比（%）	43.02
规上工业企业新产品销售收入与主营业务收入之比（%）	9.13
国家高新区营业收入与地区生产总值之比（%）	0.00
人均地区生产总值（万元/人）	4.73
地区生产总值与固定资产投资之比	5.45
城乡居民人均可支配收入之比	2.03
单位地区生产总值能耗（吨标准煤/万元）	1.00
$PM_{2.5}$年平均浓度（微克/立方米）	40
居民人均可支配收入（万元/人）	3.75

5. 本溪市

2021年本溪市创新能力监测指标如表F-8所列。

表F-8　2021年本溪市创新能力监测指标

指标名称	2021年
全社会研发经费支出与地区生产总值之比（%）	1.00
财政科技支出占公共财政支出比重（%）	0.19
万名就业人员中研发人员数（人年/万人）	21.05
万人普通高校在校学生数（人/万人）	284.54
人均实际使用外资额（美元/人）	31.26
基础研究经费占研发经费比重（%）	0.12
高层次科技人才数（人）	0
"双一流"建设学科数（个）	0
中央级科研院所数（个）	0
高水平科学与工程研究类科技创新基地数（个）	0
高水平科技成果数（项当量）	0.00
规上工业企业研发经费支出与主营业务收入之比（%）	0.32
上市科技型中小企业数（家）	0
高新技术企业数（家）	88
高水平技术创新类科技创新基地数（个）	1
万人发明专利拥有量（件/万人）	4.00
技术输出合同成交额与地区生产总值之比（%）	1.07
技术输入合同成交额与地区生产总值之比（%）	1.21
国家级科技企业孵化器、大学科技园、双创示范基地数（个）	1
国家级科技企业孵化器、大学科技园新增在孵企业数（家）	0
高新技术企业营业收入与规上工业企业主营业务收入之比（%）	3.84
规上工业企业新产品销售收入与主营业务收入之比（%）	8.51
国家高新区营业收入与地区生产总值之比（%）	7.61
人均地区生产总值（万元/人）	6.83
地区生产总值与固定资产投资之比	4.11
城乡居民人均可支配收入之比	1.93
单位地区生产总值能耗（吨标准煤/万元）	1.13
PM$_{2.5}$年平均浓度（微克/立方米）	30
居民人均可支配收入（万元/人）	3.90

6. 丹东市

2021年丹东市创新能力监测指标如表F-9所列。

表F-9 2021年丹东市创新能力监测指标

指标名称	2021年
全社会研发经费支出与地区生产总值之比（%）	0.74
财政科技支出占公共财政支出比重（%）	0.12
万名就业人员中研发人员数（人年/万人）	17.49
万人普通高校在校学生数（人/万人）	182.25
人均实际使用外资额（美元/人）	3.63
基础研究经费占研发经费比重（%）	0.10
高层次科技人才数（人）	0
"双一流"建设学科数（个）	0
中央级科研院所数（个）	0
高水平科学与工程研究类科技创新基地数（个）	0
高水平科技成果数（项当量）	1.27
规上工业企业研发经费支出与主营业务收入之比（%）	0.80
上市科技型中小企业数（家）	0
高新技术企业数（家）	262
高水平技术创新类科技创新基地数（个）	0
万人发明专利拥有量（件/万人）	4.64
技术输出合同成交额与地区生产总值之比（%）	0.47
技术输入合同成交额与地区生产总值之比（%）	0.49
国家级科技企业孵化器、大学科技园、双创示范基地数（个）	3
国家级科技企业孵化器、大学科技园新增在孵企业数（家）	7
高新技术企业营业收入与规上工业企业主营业务收入之比（%）	48.56
规上工业企业新产品销售收入与主营业务收入之比（%）	14.38
国家高新区营业收入与地区生产总值之比（%）	0.00
人均地区生产总值（万元/人）	3.94
地区生产总值与固定资产投资之比	2.80
城乡居民人均可支配收入之比	1.72
单位地区生产总值能耗（吨标准煤/万元）	0.26
$PM_{2.5}$年平均浓度（微克/立方米）	28
居民人均可支配收入（万元/人）	3.48

7. 锦州市

2021年锦州市创新能力监测指标如表F-10所列。

表F-10　2021年锦州市创新能力监测指标

指标名称	2021年
全社会研发经费支出与地区生产总值之比（%）	1.17
财政科技支出占公共财政支出比重（%）	0.46
万名就业人员中研发人员数（人年/万人）	19.29
万人普通高校在校学生数（人/万人）	343.07
人均实际使用外资额（美元/人）	2.22
基础研究经费占研发经费比重（%）	14.00
高层次科技人才数（人）	0
"双一流"建设学科数（个）	0
中央级科研院所数（个）	0
高水平科学与工程研究类科技创新基地数（个）	0
高水平科技成果数（项当量）	0.00
规上工业企业研发经费支出与主营业务收入之比（%）	0.55
上市科技型中小企业数（家）	2
高新技术企业数（家）	181
高水平技术创新类科技创新基地数（个）	0
万人发明专利拥有量（件/万人）	4.03
技术输出合同成交额与地区生产总值之比（%）	1.78
技术输入合同成交额与地区生产总值之比（%）	3.14
国家级科技企业孵化器、大学科技园、双创示范基地数（个）	6
国家级科技企业孵化器、大学科技园新增在孵企业数（家）	21
高新技术企业营业收入与规上工业企业主营业务收入之比（%）	31.39
规上工业企业新产品销售收入与主营业务收入之比（%）	10.86
国家高新区营业收入与地区生产总值之比（%）	29.05
人均地区生产总值（万元/人）	4.28
地区生产总值与固定资产投资之比	3.00
城乡居民人均可支配收入之比	1.87
单位地区生产总值能耗（吨标准煤/万元）	0.27
PM$_{2.5}$年平均浓度（微克/立方米）	42
居民人均可支配收入（万元/人）	3.73

8. 营口市

2021年营口市创新能力监测指标如表F-11所列。

表F-11 2021年营口市创新能力监测指标

指标名称	2021年
全社会研发经费支出与地区生产总值之比（%）	1.81
财政科技支出占公共财政支出比重（%）	0.31
万名就业人员中研发人员数（人年/万人）	28.34
万人普通高校在校学生数（人/万人）	140.06
人均实际使用外资额（美元/人）	17.96
基础研究经费占研发经费比重（%）	0.22
高层次科技人才数（人）	0
"双一流"建设学科数（个）	0
中央级科研院所数（个）	0
高水平科学与工程研究类科技创新基地数（个）	0
高水平科技成果数（项当量）	0.00
规上工业企业研发经费支出与主营业务收入之比（%）	0.87
上市科技型中小企业数（家）	1
高新技术企业数（家）	338
高水平技术创新类科技创新基地数（个）	0
万人发明专利拥有量（件/万人）	3.84
技术输出合同成交额与地区生产总值之比（%）	0.60
技术输入合同成交额与地区生产总值之比（%）	0.78
国家级科技企业孵化器、大学科技园、双创示范基地数（个）	4
国家级科技企业孵化器、大学科技园新增在孵企业数（家）	43
高新技术企业营业收入与规上工业企业主营业务收入之比（%）	39.88
规上工业企业新产品销售收入与主营业务收入之比（%）	20.97
国家高新区营业收入与地区生产总值之比（%）	49.79
人均地区生产总值（万元/人）	6.05
地区生产总值与固定资产投资之比	3.27
城乡居民人均可支配收入之比	1.91
单位地区生产总值能耗（吨标准煤/万元）	1.18
PM$_{2.5}$年平均浓度（微克/立方米）	37
居民人均可支配收入（万元/人）	4.23

9. 阜新市

2021年阜新市创新能力监测指标如表F-12所列。

表F-12　2021年阜新市创新能力监测指标

指标名称	2021年
全社会研发经费支出与地区生产总值之比（%）	0.80
财政科技支出占公共财政支出比重（%）	0.21
万名就业人员中研发人员数（人年/万人）	22.00
万人普通高校在校学生数（人/万人）	271.25
人均实际使用外资额（美元/人）	5.69
基础研究经费占研发经费比重（%）	14.26
高层次科技人才数（人）	0
"双一流"建设学科数（个）	0
中央级科研院所数（个）	0
高水平科学与工程研究类科技创新基地数（个）	0
高水平科技成果数（项当量）	2.38
规上工业企业研发经费支出与主营业务收入之比（%）	0.55
上市科技型中小企业数（家）	2
高新技术企业数（家）	93
高水平技术创新类科技创新基地数（个）	0
万人发明专利拥有量（件/万人）	5.16
技术输出合同成交额与地区生产总值之比（%）	1.04
技术输入合同成交额与地区生产总值之比（%）	1.61
国家级科技企业孵化器、大学科技园、双创示范基地数（个）	3
国家级科技企业孵化器、大学科技园新增在孵企业数（家）	34
高新技术企业营业收入与规上工业企业主营业务收入之比（%）	32.24
规上工业企业新产品销售收入与主营业务收入之比（%）	12.94
国家高新区营业收入与地区生产总值之比（%）	49.97
人均地区生产总值（万元/人）	3.34
地区生产总值与固定资产投资之比	2.56
城乡居民人均可支配收入之比	1.83
单位地区生产总值能耗（吨标准煤/万元）	0.53
PM$_{2.5}$年平均浓度（微克/立方米）	34
居民人均可支配收入（万元/人）	3.28

10. 辽阳市

2021年辽阳市创新能力监测指标如表F-13所列。

表F-13　2021年辽阳市创新能力监测指标

指标名称	2021年
全社会研发经费支出与地区生产总值之比（%）	0.81
财政科技支出占公共财政支出比重（%）	0.60
万名就业人员中研发人员数（人年/万人）	22.98
万人普通高校在校学生数（人/万人）	162.47
人均实际使用外资额（美元/人）	9.86
基础研究经费占研发经费比重（%）	0.18
高层次科技人才数（人）	1
"双一流"建设学科数（个）	0
中央级科研院所数（个）	0
高水平科学与工程研究类科技创新基地数（个）	0
高水平科技成果数（项当量）	0.00
规上工业企业研发经费支出与主营业务收入之比（%）	0.42
上市科技型中小企业数（家）	3
高新技术企业数（家）	166
高水平技术创新类科技创新基地数（个）	0
万人发明专利拥有量（件/万人）	3.41
技术输出合同成交额与地区生产总值之比（%）	1.01
技术输入合同成交额与地区生产总值之比（%）	1.02
国家级科技企业孵化器、大学科技园、双创示范基地数（个）	0
国家级科技企业孵化器、大学科技园新增在孵企业数（家）	0
高新技术企业营业收入与规上工业企业主营业务收入之比（%）	23.90
规上工业企业新产品销售收入与主营业务收入之比（%）	10.23
国家高新区营业收入与地区生产总值之比（%）	82.25
人均地区生产总值（万元/人）	5.41
地区生产总值与固定资产投资之比	5.56
城乡居民人均可支配收入之比	1.90
单位地区生产总值能耗（吨标准煤/万元）	1.10
$PM_{2.5}$年平均浓度（微克/立方米）	37
居民人均可支配收入（万元/人）	3.69

11. 盘锦市

2021年盘锦市创新能力监测指标如表F-14所列。

表F-14　2021年盘锦市创新能力监测指标

指标名称	2021年
全社会研发经费支出与地区生产总值之比（%）	2.20
财政科技支出占公共财政支出比重（%）	0.92
万名就业人员中研发人员数（人年/万人）	38.33
万人普通高校在校学生数（人/万人）	67.38
人均实际使用外资额（美元/人）	346.70
基础研究经费占研发经费比重（%）	0.00
高层次科技人才数（人）	0
"双一流"建设学科数（个）	0
中央级科研院所数（个）	0
高水平科学与工程研究类科技创新基地数（个）	0
高水平科技成果数（项当量）	0.00
规上工业企业研发经费支出与主营业务收入之比（%）	0.68
上市科技型中小企业数（家）	0
高新技术企业数（家）	180
高水平技术创新类科技创新基地数（个）	0
万人发明专利拥有量（件/万人）	6.78
技术输出合同成交额与地区生产总值之比（%）	0.51
技术输入合同成交额与地区生产总值之比（%）	2.62
国家级科技企业孵化器、大学科技园、双创示范基地数（个）	3
国家级科技企业孵化器、大学科技园新增在孵企业数（家）	16
高新技术企业营业收入与规上工业企业主营业务收入之比（%）	27.26
规上工业企业新产品销售收入与主营业务收入之比（%）	9.48
国家高新区营业收入与地区生产总值之比（%）	0.00
人均地区生产总值（万元/人）	9.94
地区生产总值与固定资产投资之比	3.49
城乡居民人均可支配收入之比	2.01
单位地区生产总值能耗（吨标准煤/万元）	1.04
PM$_{2.5}$年平均浓度（微克/立方米）	34
居民人均可支配收入（万元/人）	4.54

12. 铁岭市

2021年铁岭市创新能力监测指标如表F-15所列。

表F-15 2021年铁岭市创新能力监测指标

指标名称	2021年
全社会研发经费支出与地区生产总值之比（%）	0.40
财政科技支出占公共财政支出比重（%）	0.36
万名就业人员中研发人员数（人年/万人）	4.57
万人普通高校在校学生数（人/万人）	164.14
人均实际使用外资额（美元/人）	12.72
基础研究经费占研发经费比重（%）	0.07
高层次科技人才数（人）	0
"双一流"建设学科数（个）	0
中央级科研院所数（个）	0
高水平科学与工程研究类科技创新基地数（个）	0
高水平科技成果数（项当量）	0.00
规上工业企业研发经费支出与主营业务收入之比（%）	0.36
上市科技型中小企业数（家）	0
高新技术企业数（家）	134
高水平技术创新类科技创新基地数（个）	0
万人发明专利拥有量（件/万人）	1.56
技术输出合同成交额与地区生产总值之比（%）	0.35
技术输入合同成交额与地区生产总值之比（%）	0.49
国家级科技企业孵化器、大学科技园、双创示范基地数（个）	2
国家级科技企业孵化器、大学科技园新增在孵企业数（家）	0
高新技术企业营业收入与规上工业企业主营业务收入之比（%）	26.91
规上工业企业新产品销售收入与主营业务收入之比（%）	5.77
国家高新区营业收入与地区生产总值之比（%）	0.00
人均地区生产总值（万元/人）	3.04
地区生产总值与固定资产投资之比	4.21
城乡居民人均可支配收入之比	1.59
单位地区生产总值能耗（吨标准煤/万元）	0.72
$PM_{2.5}$年平均浓度（微克/立方米）	34
居民人均可支配收入（万元/人）	3.00

13. 朝阳市

2021年朝阳市创新能力监测指标如表F-16所列。

表F-16　2021年朝阳市创新能力监测指标

指标名称	2021年
全社会研发经费支出与地区生产总值之比（%）	0.80
财政科技支出占公共财政支出比重（%）	0.16
万名就业人员中研发人员数（人年/万人）	9.41
万人普通高校在校学生数（人/万人）	37.16
人均实际使用外资额（美元/人）	8.43
基础研究经费占研发经费比重（%）	0.47
高层次科技人才数（人）	0
"双一流"建设学科数（个）	0
中央级科研院所数（个）	0
高水平科学与工程研究类科技创新基地数（个）	0
高水平科技成果数（项当量）	0.00
规上工业企业研发经费支出与主营业务收入之比（%）	0.62
上市科技型中小企业数（家）	0
高新技术企业数（家）	144
高水平技术创新类科技创新基地数（个）	0
万人发明专利拥有量（件/万人）	1.41
技术输出合同成交额与地区生产总值之比（%）	0.71
技术输入合同成交额与地区生产总值之比（%）	1.45
国家级科技企业孵化器、大学科技园、双创示范基地数（个）	0
国家级科技企业孵化器、大学科技园新增在孵企业数（家）	0
高新技术企业营业收入与规上工业企业主营业务收入之比（%）	23.41
规上工业企业新产品销售收入与主营业务收入之比（%）	13.41
国家高新区营业收入与地区生产总值之比（%）	0.00
人均地区生产总值（万元/人）	3.31
地区生产总值与固定资产投资之比	2.28
城乡居民人均可支配收入之比	1.79
单位地区生产总值能耗（吨标准煤/万元）	0.65
PM$_{2.5}$年平均浓度（微克/立方米）	31
居民人均可支配收入（万元/人）	3.00

14. 葫芦岛市

2021年葫芦岛市创新能力监测指标如表F-17所列。

表F-17　2021年葫芦岛市创新能力监测指标

指标名称	2021年
全社会研发经费支出与地区生产总值之比（%）	0.62
财政科技支出占公共财政支出比重（%）	0.17
万名就业人员中研发人员数（人年/万人）	10.81
万人普通高校在校学生数（人/万人）	50.30
人均实际使用外资额（美元/人）	4.33
基础研究经费占研发经费比重（%）	0.70
高层次科技人才数（人）	0
"双一流"建设学科数（个）	0
中央级科研院所数（个）	2
高水平科学与工程研究类科技创新基地数（个）	0
高水平科技成果数（项当量）	0.00
规上工业企业研发经费支出与主营业务收入之比（%）	0.36
上市科技型中小企业数（家）	0
高新技术企业数（家）	95
高水平技术创新类科技创新基地数（个）	0
万人发明专利拥有量（件/万人）	2.18
技术输出合同成交额与地区生产总值之比（%）	0.36
技术输入合同成交额与地区生产总值之比（%）	3.44
国家级科技企业孵化器、大学科技园、双创示范基地数（个）	0
国家级科技企业孵化器、大学科技园新增在孵企业数（家）	0
高新技术企业营业收入与规上工业企业主营业务收入之比（%）	19.27
规上工业企业新产品销售收入与主营业务收入之比（%）	28.69
国家高新区营业收入与地区生产总值之比（%）	0.00
人均地区生产总值（万元/人）	3.48
地区生产总值与固定资产投资之比	3.31
城乡居民人均可支配收入之比	2.13
单位地区生产总值能耗（吨标准煤/万元）	0.70
$PM_{2.5}$年平均浓度（微克/立方米）	38
居民人均可支配收入（万元/人）	3.49

（二）一级指标监测

1. 创新治理力

2021年辽宁省各城市创新治理力监测指标如表F-18所列。

表F-18　2021年辽宁省各城市创新治理力监测指标

城市	全社会研发经费支出与地区生产总值之比（%）	财政科技支出占公共财政支出比重（%）	万名就业人员中研发人员数（人年/万人）	万人普通高校在校学生数（人/万人）	人均实际使用外资额（美元/人）
沈阳市	2.97	2.27	142.34	495.16	90.45
大连市	3.02	2.17	156.22	445.81	224.93
鞍山市	1.27	0.23	32.00	119.08	5.54
抚顺市	1.74	0.24	29.13	261.83	1.73
本溪市	1.00	0.19	21.05	284.54	31.26
丹东市	0.74	0.12	17.49	182.25	3.63
锦州市	1.17	0.46	19.29	343.07	2.22
营口市	1.81	0.31	28.34	140.06	17.96
阜新市	0.80	0.21	22.00	271.25	5.69
辽阳市	0.81	0.60	22.98	162.47	9.86
盘锦市	2.20	0.92	38.33	67.38	346.70
铁岭市	0.40	0.36	4.57	164.14	12.72
朝阳市	0.80	0.16	9.41	37.16	8.43
葫芦岛市	0.62	0.17	10.81	50.30	4.33

2. 原始创新力

2021年辽宁省各城市原始创新力监测指标如表F-19所列。

表F-19　2021年辽宁省各城市原始创新力监测指标

城市	基础研究经费占研发经费比重（%）	高层次科技人才数（人）	"双一流"建设学科数（个）	中央级科研院所数（个）	高水平科学与工程研究类科技创新基地数（个）	高水平科技成果数（项当量）
沈阳市	6.02	21	3	16	9	83.64
大连市	8.90	27	4	6	6	77.99
鞍山市	1.73	3	0	1	1	3.56
抚顺市	3.10	1	0	1	1	0.69
本溪市	0.12	0	0	0	0	0.00
丹东市	0.10	0	0	0	0	1.27
锦州市	14.00	0	0	0	0	0.00
营口市	0.22	0	0	0	0	0.00
阜新市	14.26	0	0	0	0	2.38
辽阳市	0.18	1	0	0	0	0.00
盘锦市	0.00	0	0	0	0	0.00
铁岭市	0.07	0	0	0	0	0.00
朝阳市	0.47	0	0	0	0	0.00
葫芦岛市	0.70	0	0	2	0	0.00

3. 技术创新力

2021年辽宁省各城市技术创新力监测指标如表F-20所列。

表F-20　2021年辽宁省各城市技术创新力监测指标

城市	规上工业企业研发经费支出与主营业务收入之比（%）	上市科技型中小企业数（家）	高新技术企业数（家）	高水平技术创新类科技创新基地数（个）	万人发明专利拥有量（件/万人）	技术输出合同成交额与地区生产总值之比（%）
沈阳市	1.45	9	3360	7	25.48	4.64
大连市	1.68	9	3056	4	26.97	4.14
鞍山市	0.57	3	411	1	13.01	0.74
抚顺市	1.01	0	213	0	4.82	0.56
本溪市	0.32	0	88	1	4.00	1.07
丹东市	0.80	0	262	0	4.64	0.47
锦州市	0.55	2	181	0	4.03	1.78
营口市	0.87	1	338	0	3.84	0.60
阜新市	0.55	2	93	0	5.16	1.04
辽阳市	0.42	3	166	0	3.41	1.01
盘锦市	0.68	0	180	0	6.78	0.51
铁岭市	0.36	0	134	0	1.56	0.35
朝阳市	0.62	0	144	0	1.41	0.71
葫芦岛市	0.36	0	95	0	2.18	0.36

4. 成果转化力

2021年辽宁省各城市成果转化力监测指标如表F-21所列。

表F-21　2021年辽宁省各城市成果转化力监测指标

城市	技术输入合同成交额与地区生产总值之比（%）	国家级科技企业孵化器、大学科技园、双创示范基地数（个）	国家级科技企业孵化器、大学科技园新增在孵企业数（家）	高新技术企业营业收入与规上工业企业主营业务收入之比（%）	规上工业企业新产品销售收入与主营业务收入之比（%）	国家高新区营业收入与地区生产总值之比（%）
沈阳市	2.23	43	295	48.09	21.18	26.29
大连市	1.83	47	240	33.33	12.82	47.32
鞍山市	2.12	3	51	21.02	8.46	48.88
抚顺市	0.51	1	0	43.02	9.13	0.00
本溪市	1.21	1	0	3.84	8.51	7.61
丹东市	0.49	3	7	48.56	14.38	0.00
锦州市	3.14	6	21	31.39	10.86	29.05
营口市	0.78	4	43	39.88	20.97	49.79
阜新市	1.61	3	34	32.24	12.94	49.97
辽阳市	1.02	0	0	23.90	10.23	82.25
盘锦市	2.62	3	16	27.26	9.48	0.00
铁岭市	0.49	2	0	26.91	5.77	0.00
朝阳市	1.45	0	0	23.41	13.41	0.00
葫芦岛市	3.44	0	0	19.27	28.69	0.00

5. 创新驱动力

2021年辽宁省各城市创新驱动力监测指标如表F-22所列。

表F-22　2021年辽宁省各城市创新驱动力监测指标

城市	人均地区生产总值（万元/人）	地区生产总值与固定资产投资之比	城乡居民人均可支配收入之比	单位地区生产总值能耗（吨标准煤/万元）	PM$_{2.5}$年平均浓度（微克/立方米）	居民人均可支配收入（万元/人）
沈阳市	7.97	4.65	2.33	0.35	38	5.06
大连市	10.48	6.42	2.13	0.50	28	5.05
鞍山市	5.72	3.81	1.95	0.78	39	4.10
抚顺市	4.73	5.45	2.03	1.00	40	3.75
本溪市	6.83	4.11	1.93	1.13	30	3.90
丹东市	3.94	2.80	1.72	0.26	28	3.48
锦州市	4.28	3.00	1.87	0.27	42	3.73
营口市	6.05	3.27	1.91	1.18	37	4.23
阜新市	3.34	2.56	1.83	0.53	34	3.28
辽阳市	5.41	5.56	1.90	1.10	37	3.69
盘锦市	9.94	3.49	2.01	1.04	34	4.54
铁岭市	3.04	4.21	1.59	0.72	34	3.00
朝阳市	3.31	2.28	1.79	0.65	31	3.00
葫芦岛市	3.48	3.31	2.13	0.70	38	3.49

（三）二级指标监测

1. 全社会研发经费支出与地区生产总值之比

2021年辽宁省全社会研发经费支出与地区生产总值之比如图F-1所示。

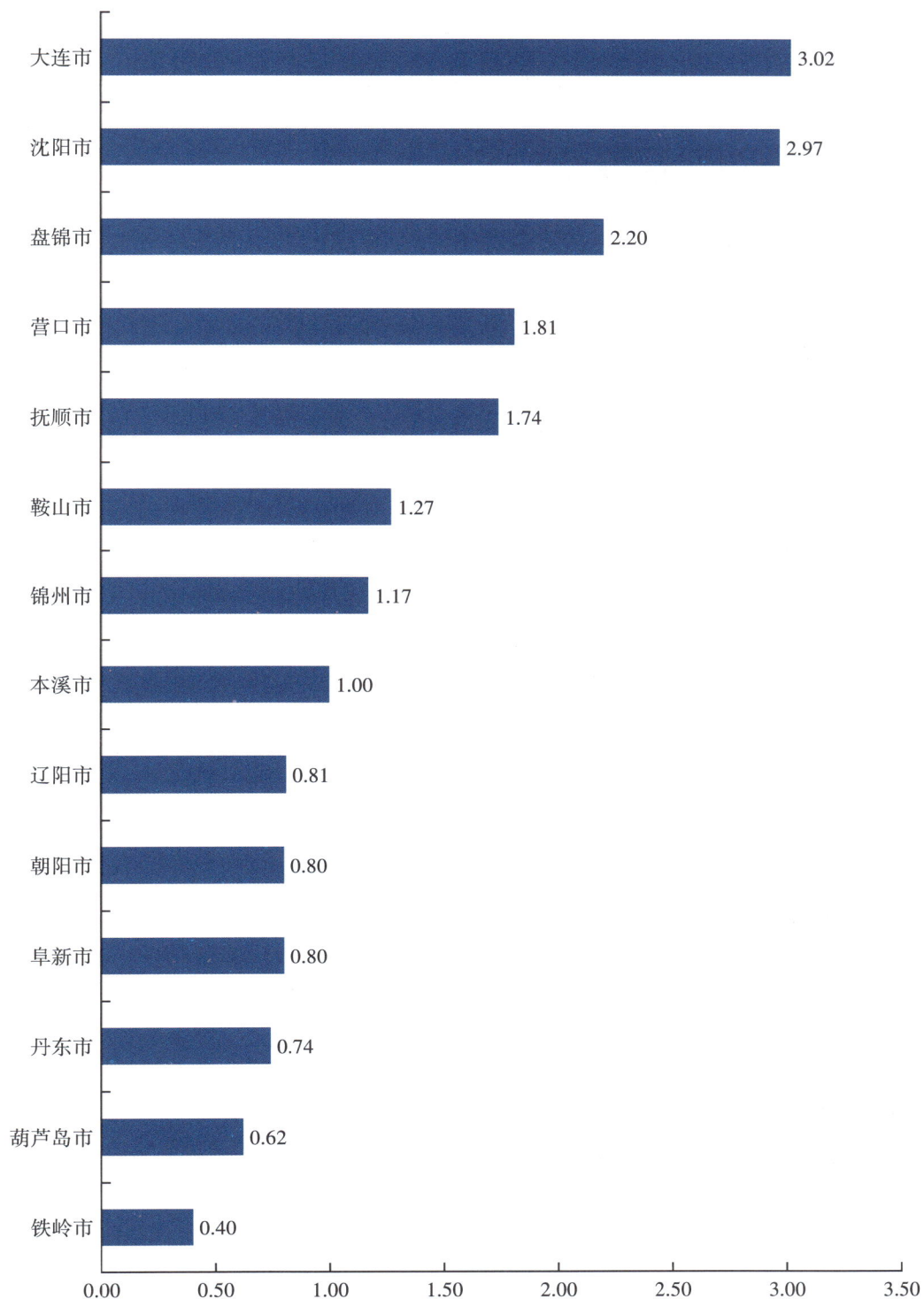

图F-1　2021年辽宁省全社会研发经费支出与地区生产总值之比（%）

2. 财政科技支出占公共财政支出比重

2021年辽宁省财政科技支出占公共财政支出比重如图F-2所示。

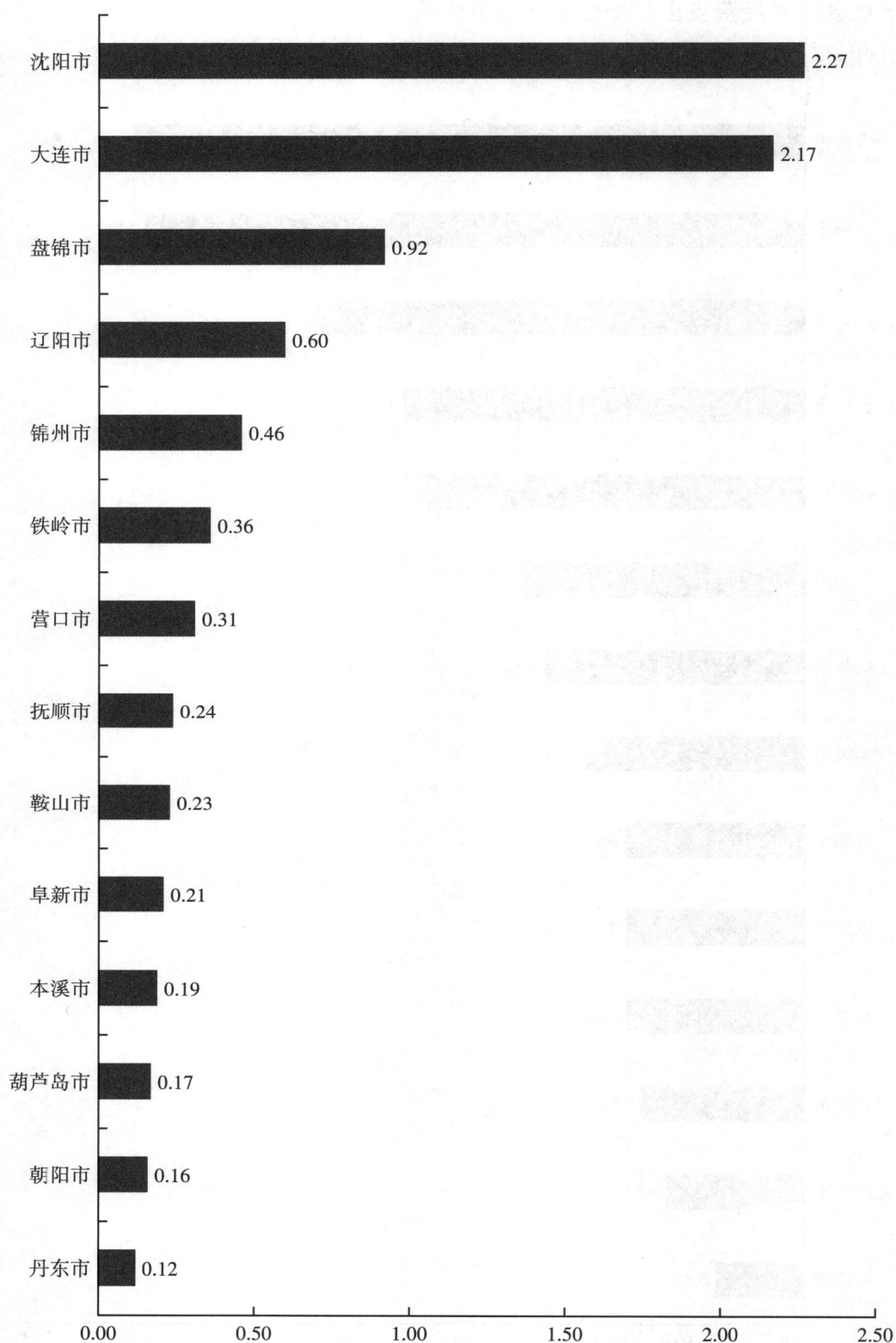

图F-2　2021年辽宁省财政科技支出占公共财政支出比重（%）

3. 万名就业人员中研发人员数

2021年辽宁省万名就业人员中研发人员数如图F-3所示。

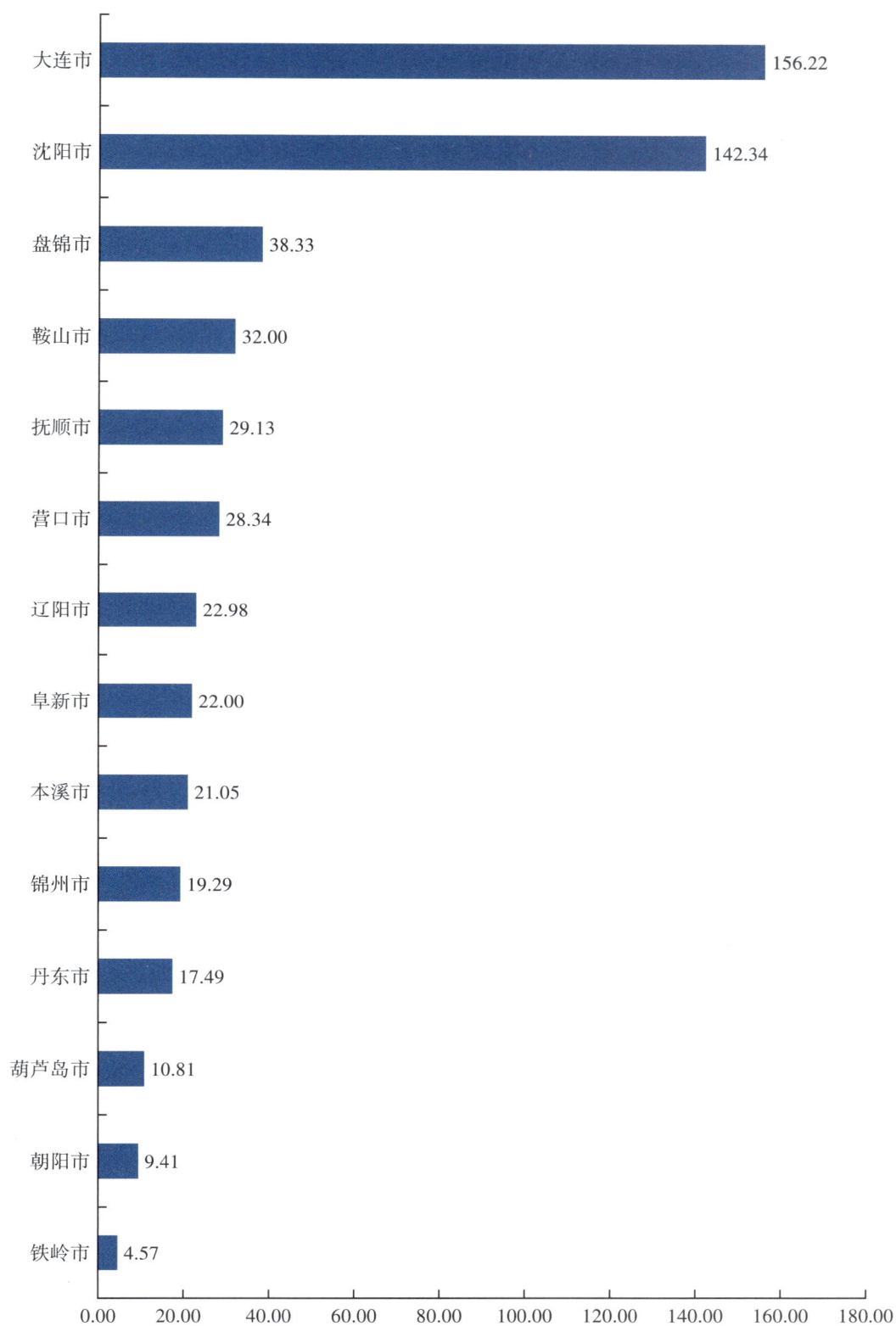

图 F-3　2021年辽宁省万名就业人员中研发人员数（人年/万人）

4.万人普通高校在校学生数

2021 年辽宁省万人普通高校在校学生数如图 F-4 所示。

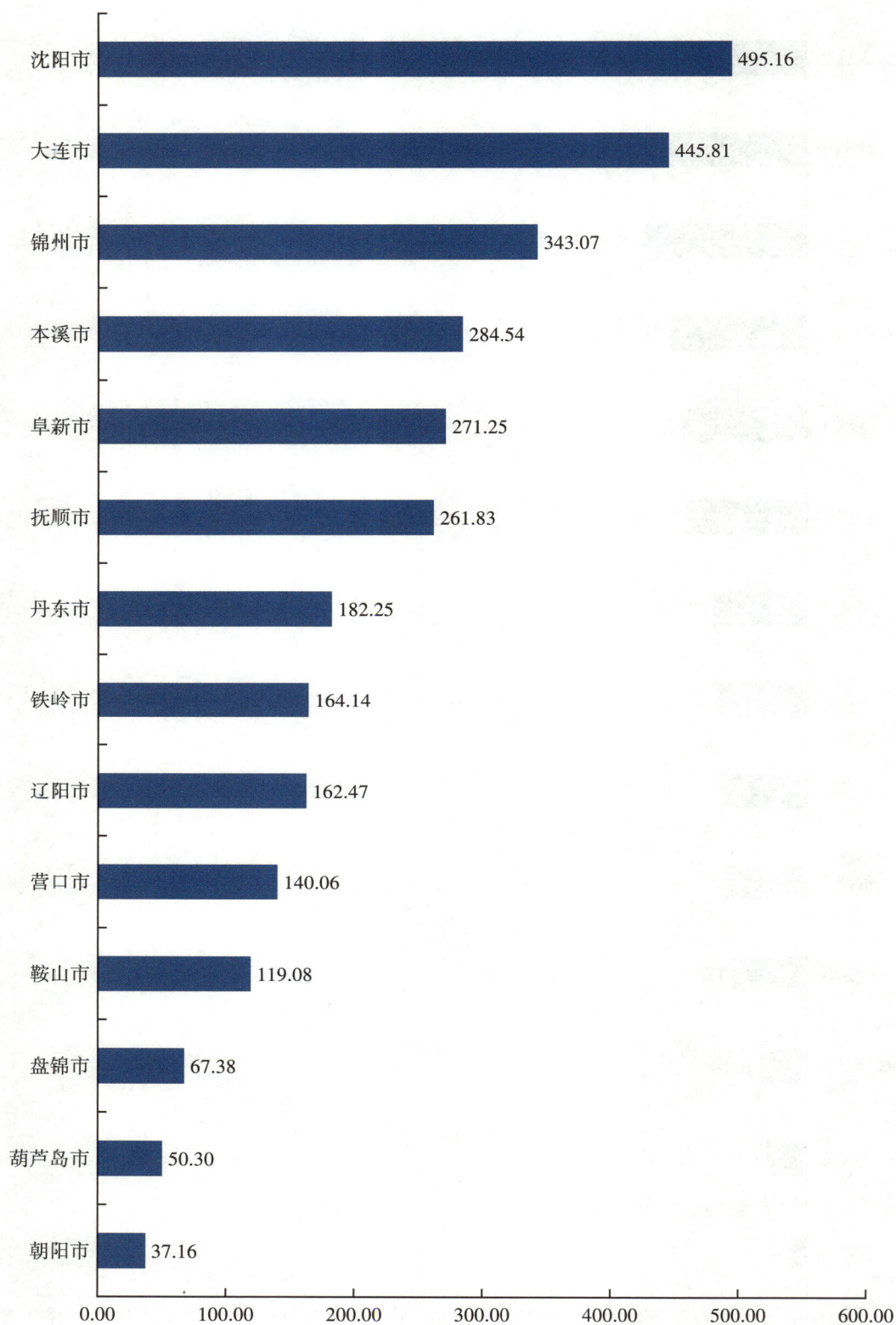

图 F-4　2021 年辽宁省万人普通高校在校学生数（人/万人）

5. 人均实际使用外资额

2021年辽宁省人均实际使用外资额如图F-5所示。

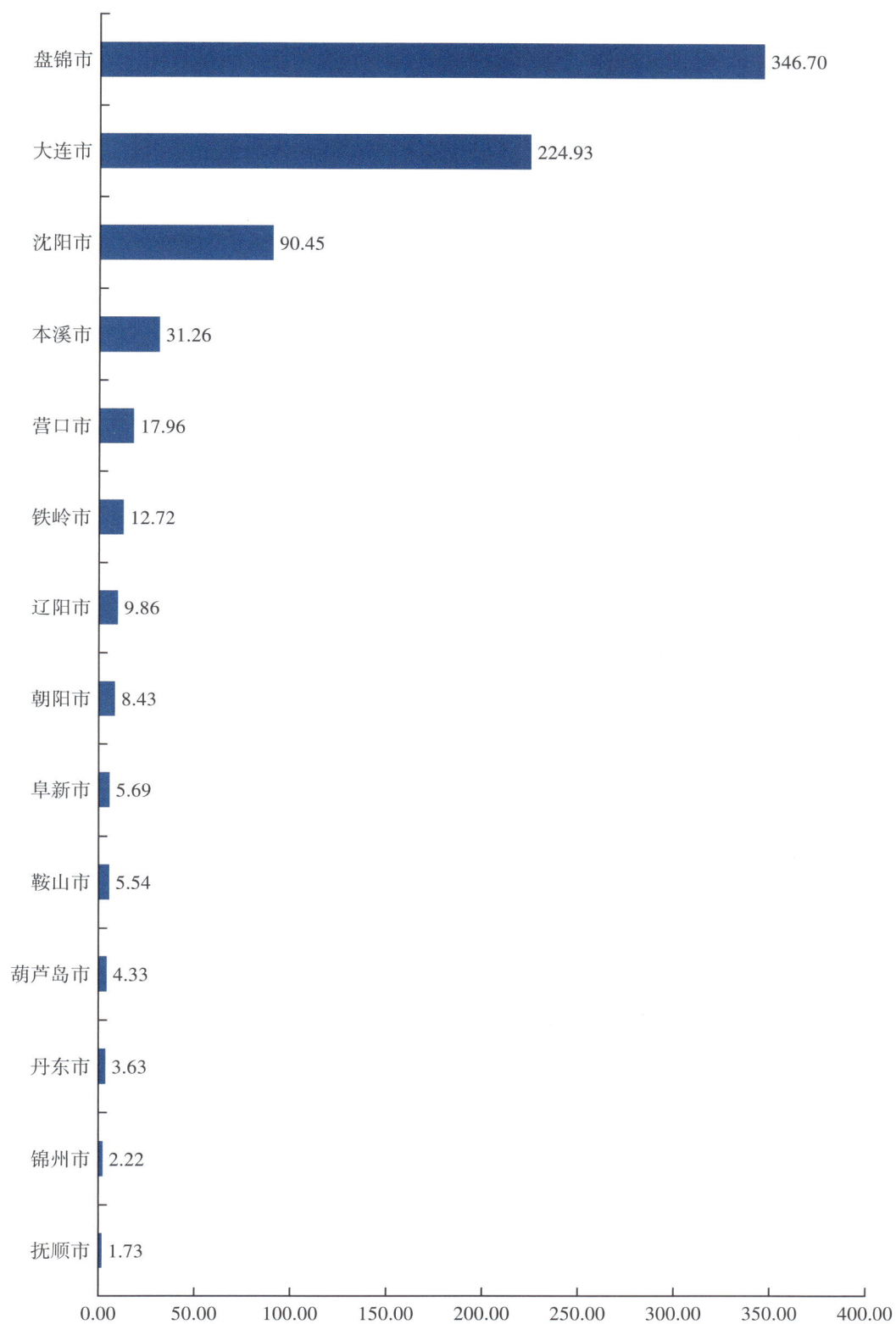

图F-5　2021年辽宁省人均实际使用外资额（美元/人）

6. 基础研究经费占研发经费比重

2021年辽宁省基础研究经费占研发经费比重如图F-6所示。

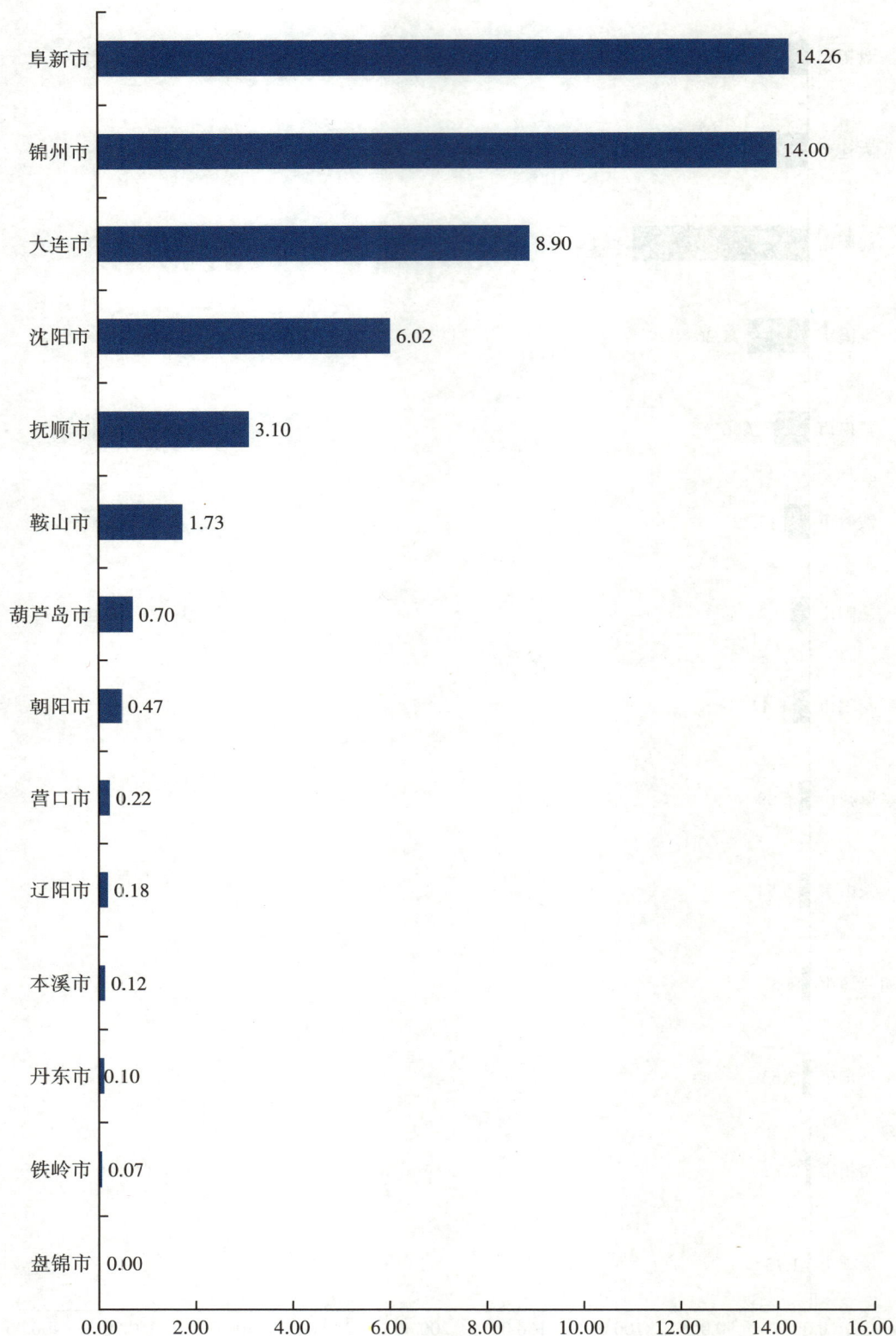

图F-6　2021年辽宁省基础研究经费占研发经费比重（%）

7. 高层次科技人才数

2021年辽宁省高层次科技人才数如图F-7所示。

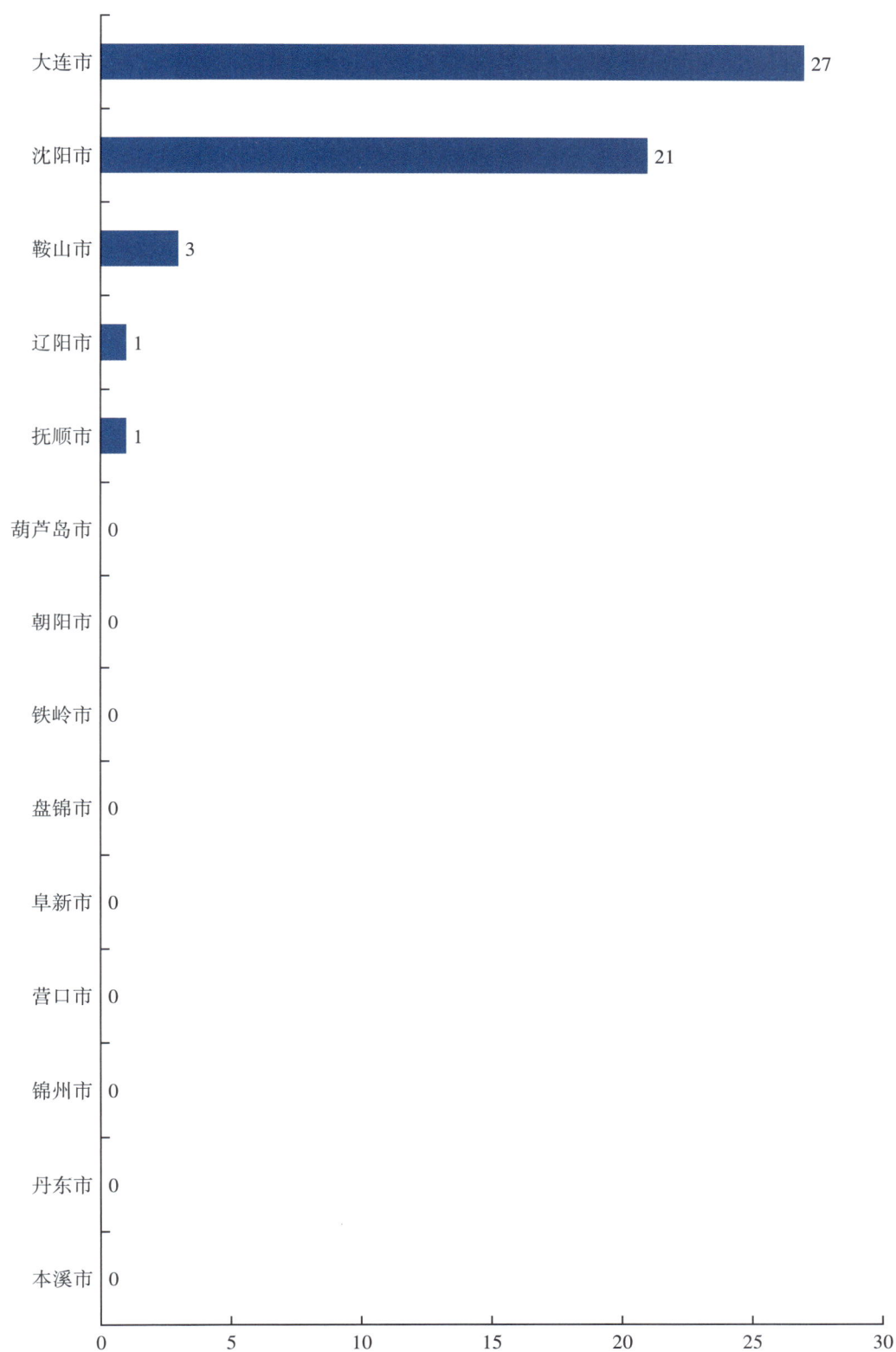

图 F-7　2021年辽宁省高层次科技人才数（人）

8. "双一流"建设学科数

2021年辽宁省"双一流"建设学科数如图F-8所示。

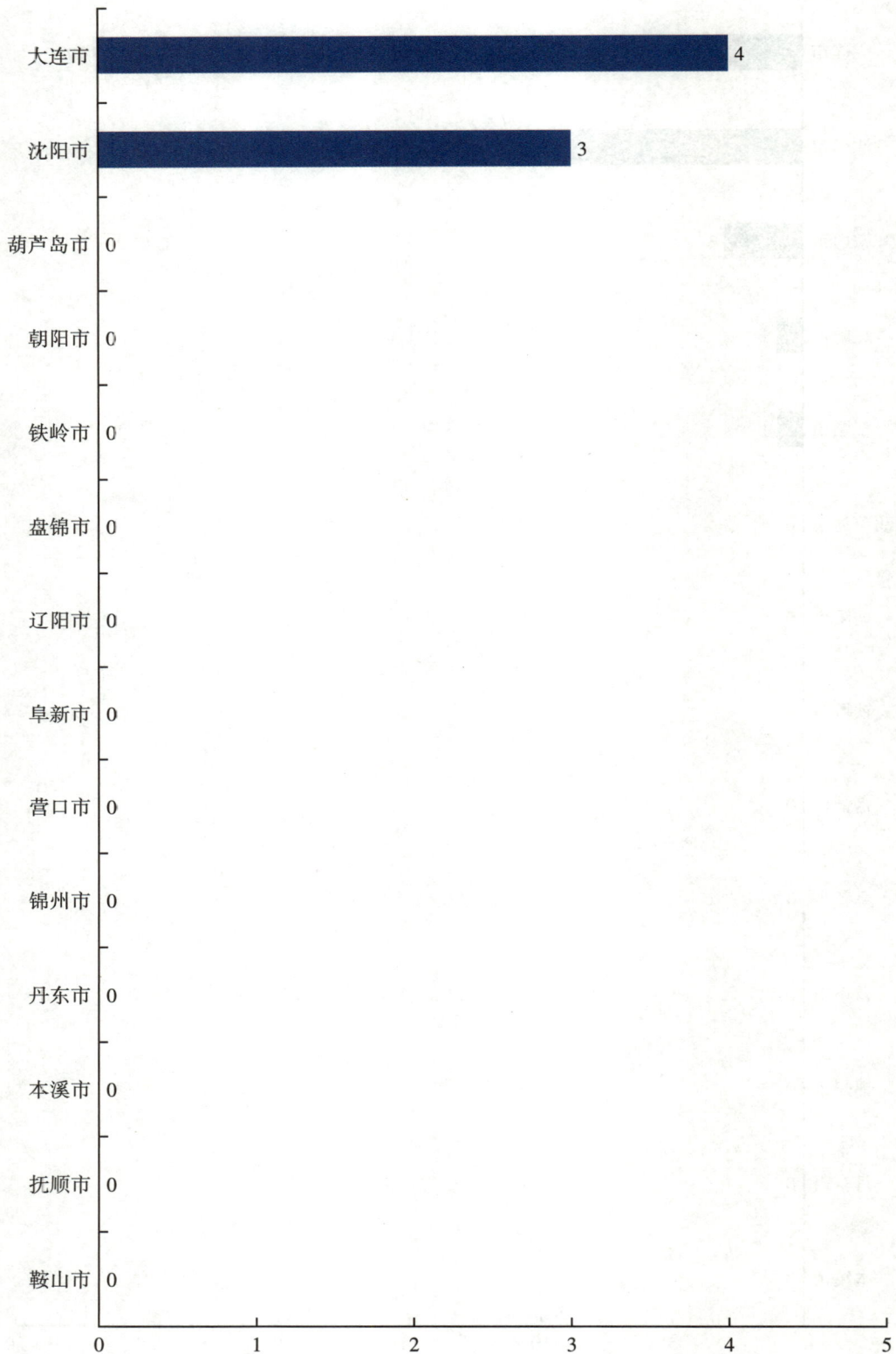

图F-8　2021年辽宁省"双一流"建设学科数（个）

9. 中央级科研院所数

2021年辽宁省中央级科研院所数如图F-9所示。

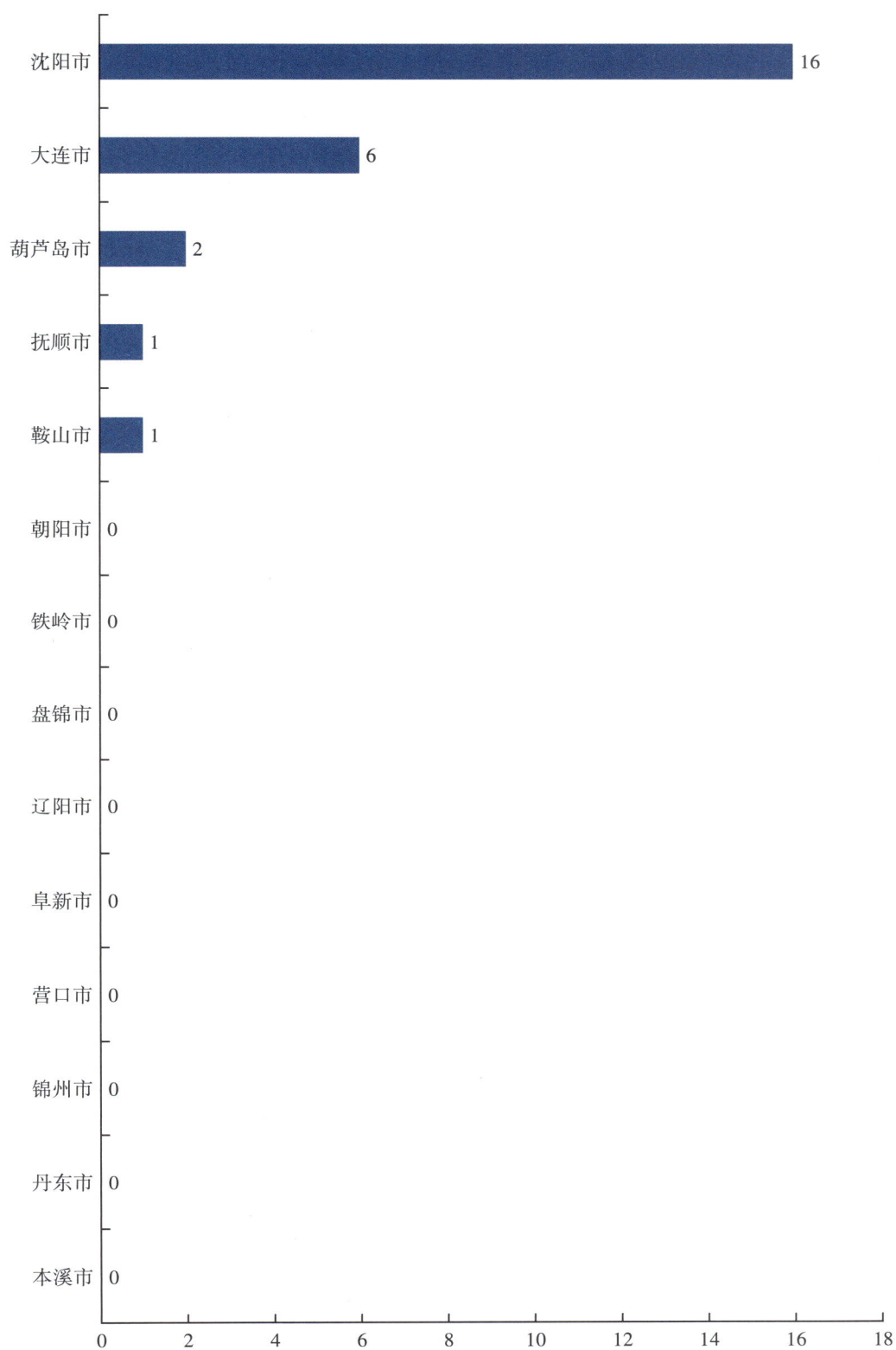

图F-9　2021年辽宁省中央级科研院所数（个）

10. 高水平科学与工程研究类科技创新基地数

2021年辽宁省高水平科学与工程研究类科技创新基地数如图F-10所示。

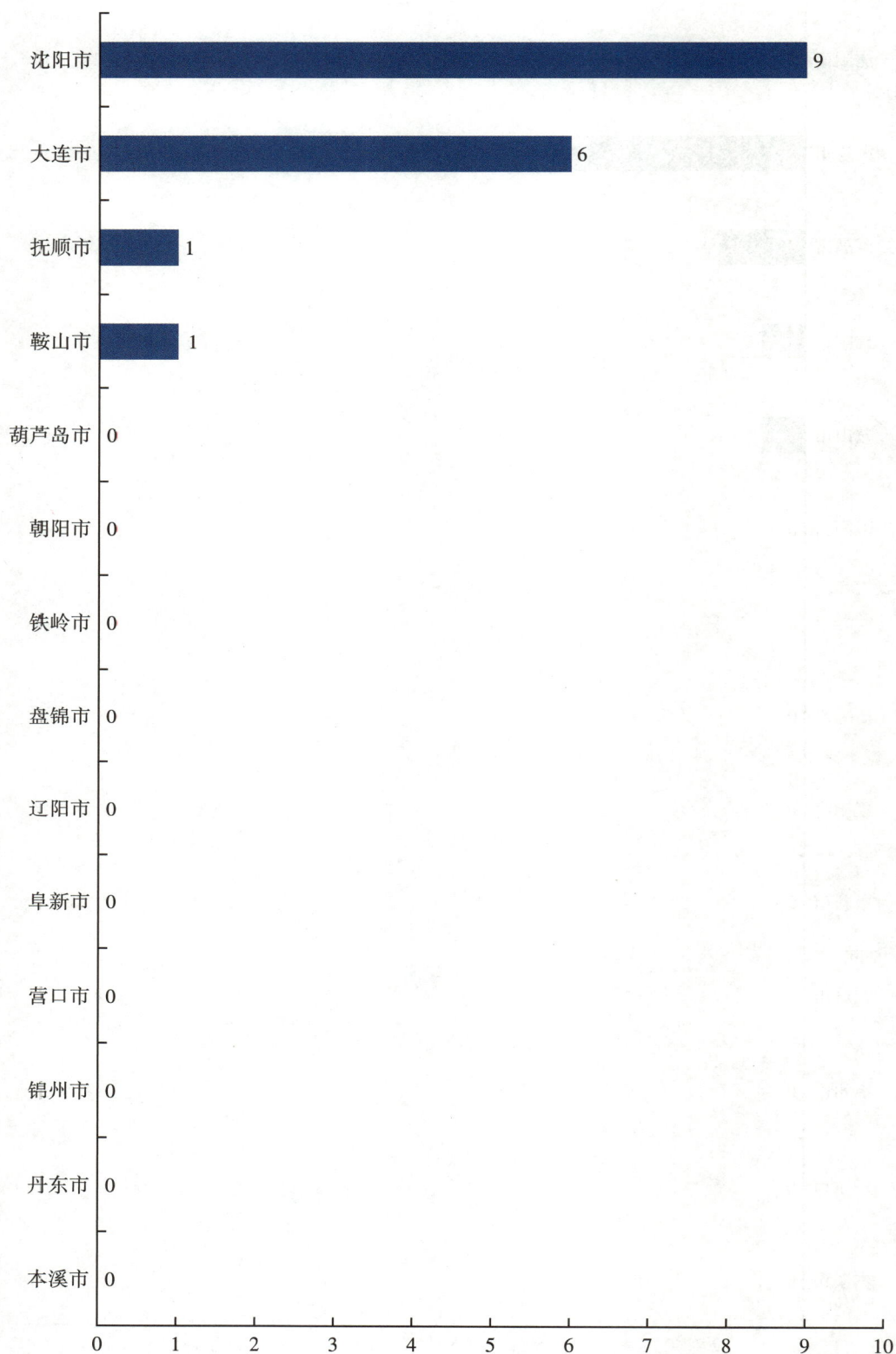

图F-10　2021年辽宁省高水平科学与工程研究类科技创新基地数（个）

11. 高水平科技成果数

2021年辽宁省高水平科技成果数如图F-11所示。

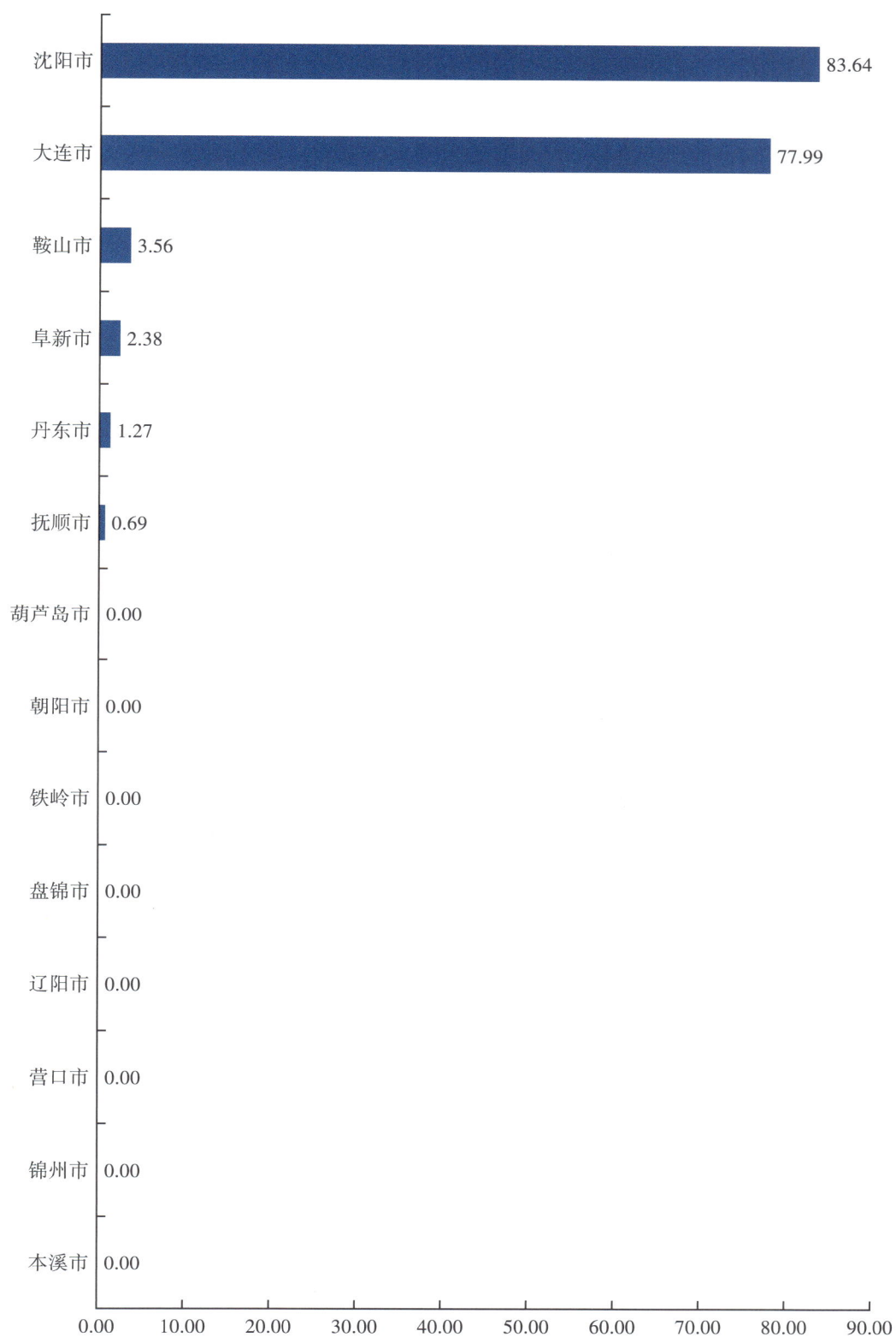

图 F-11 2021年辽宁省高水平科技成果数（项当量）

12. 规上工业企业研发经费支出与主营业务收入之比

2021年辽宁省规上工业企业研发经费支出与主营业务收入之比如图F-12所示。

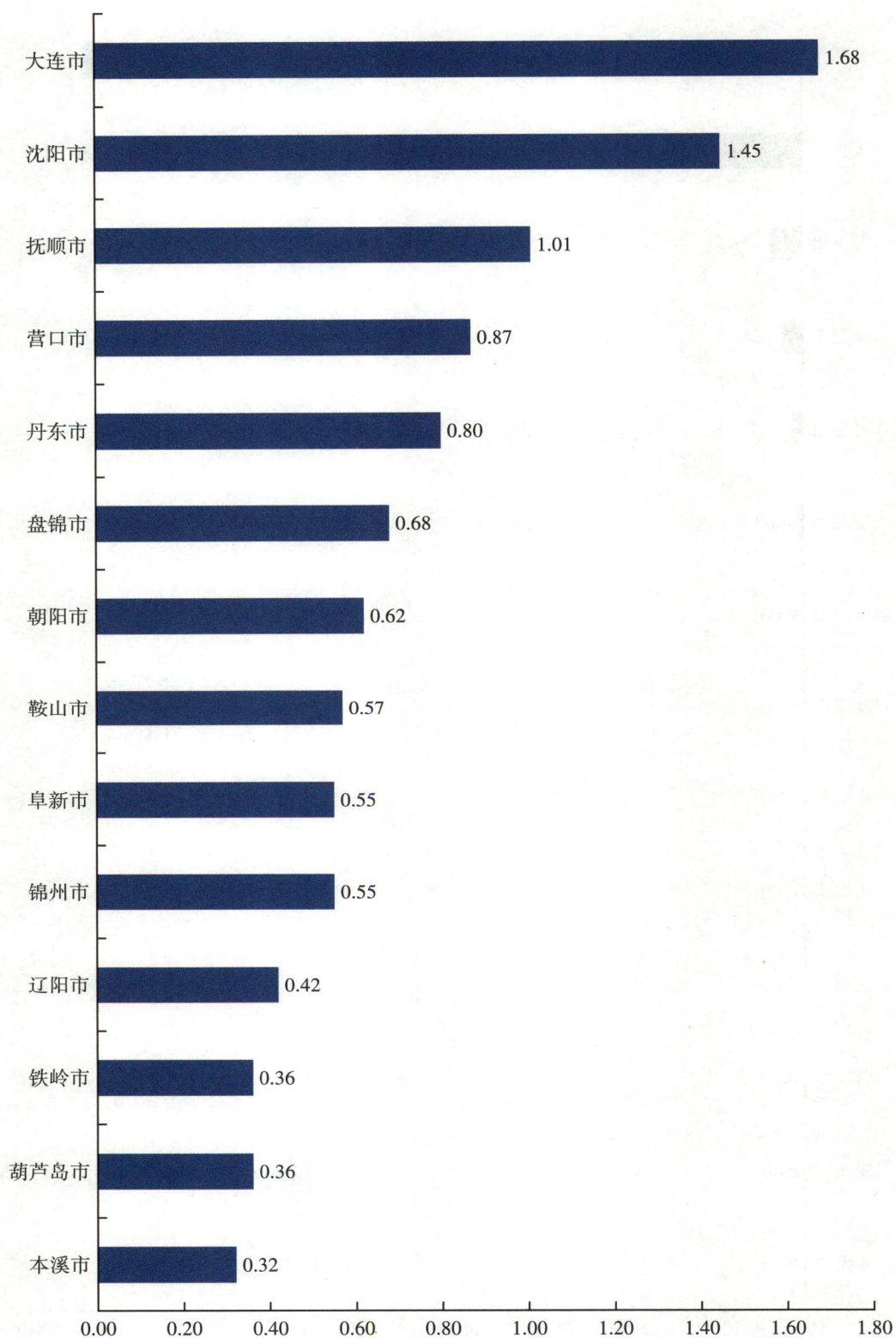

大连市	1.68
沈阳市	1.45
抚顺市	1.01
营口市	0.87
丹东市	0.80
盘锦市	0.68
朝阳市	0.62
鞍山市	0.57
阜新市	0.55
锦州市	0.55
辽阳市	0.42
铁岭市	0.36
葫芦岛市	0.36
本溪市	0.32

图F-12　2021年辽宁省规上工业企业研发经费支出与主营业务收入之比（%）

13. 上市科技型中小企业数

2021年辽宁省上市科技型中小企业数如图F-13所示。

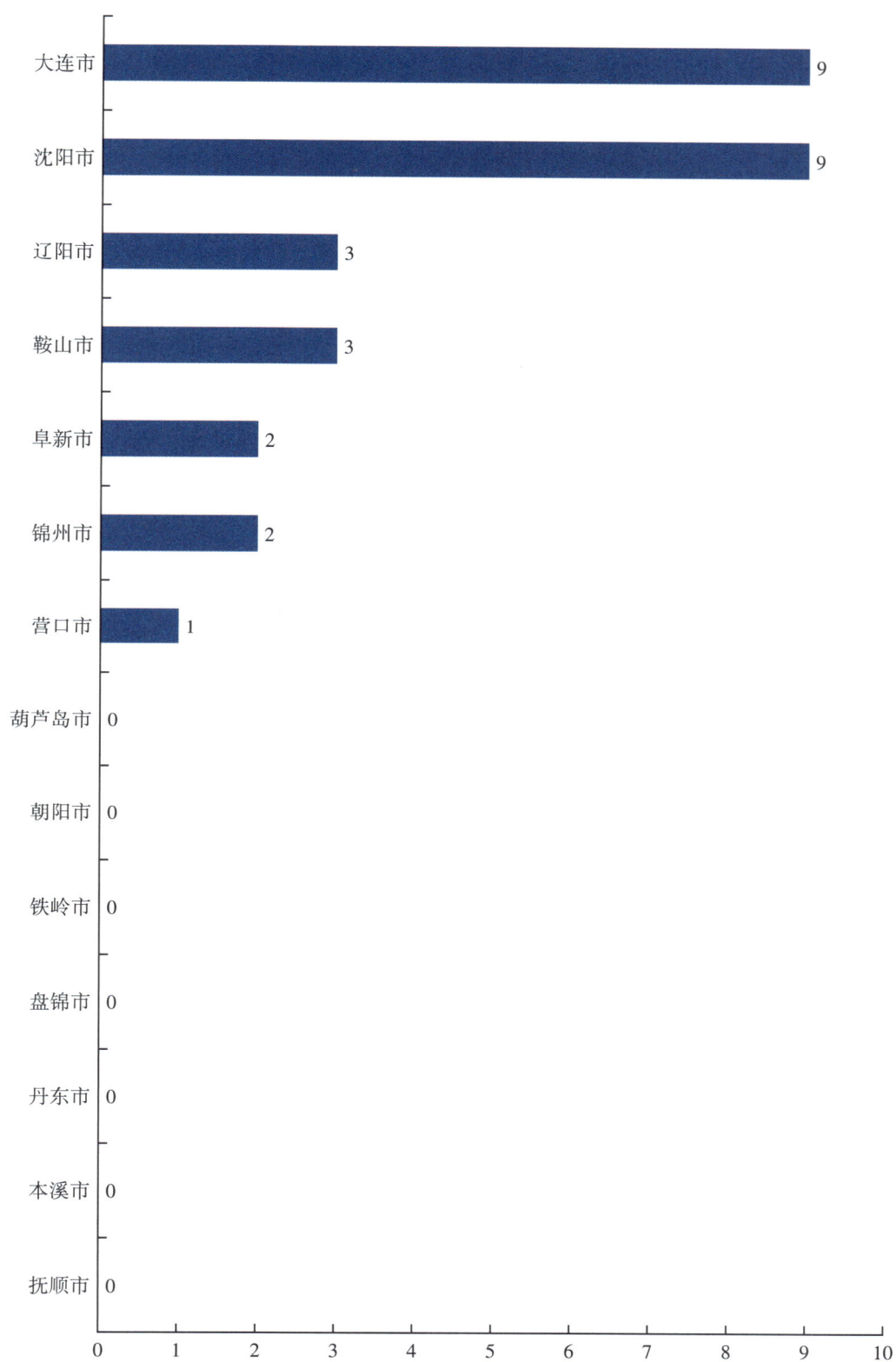

图F-13　2021年辽宁省上市科技型中小企业数（家）

14. 高新技术企业数

2021年辽宁省高新技术企业数如图 F-14 所示。

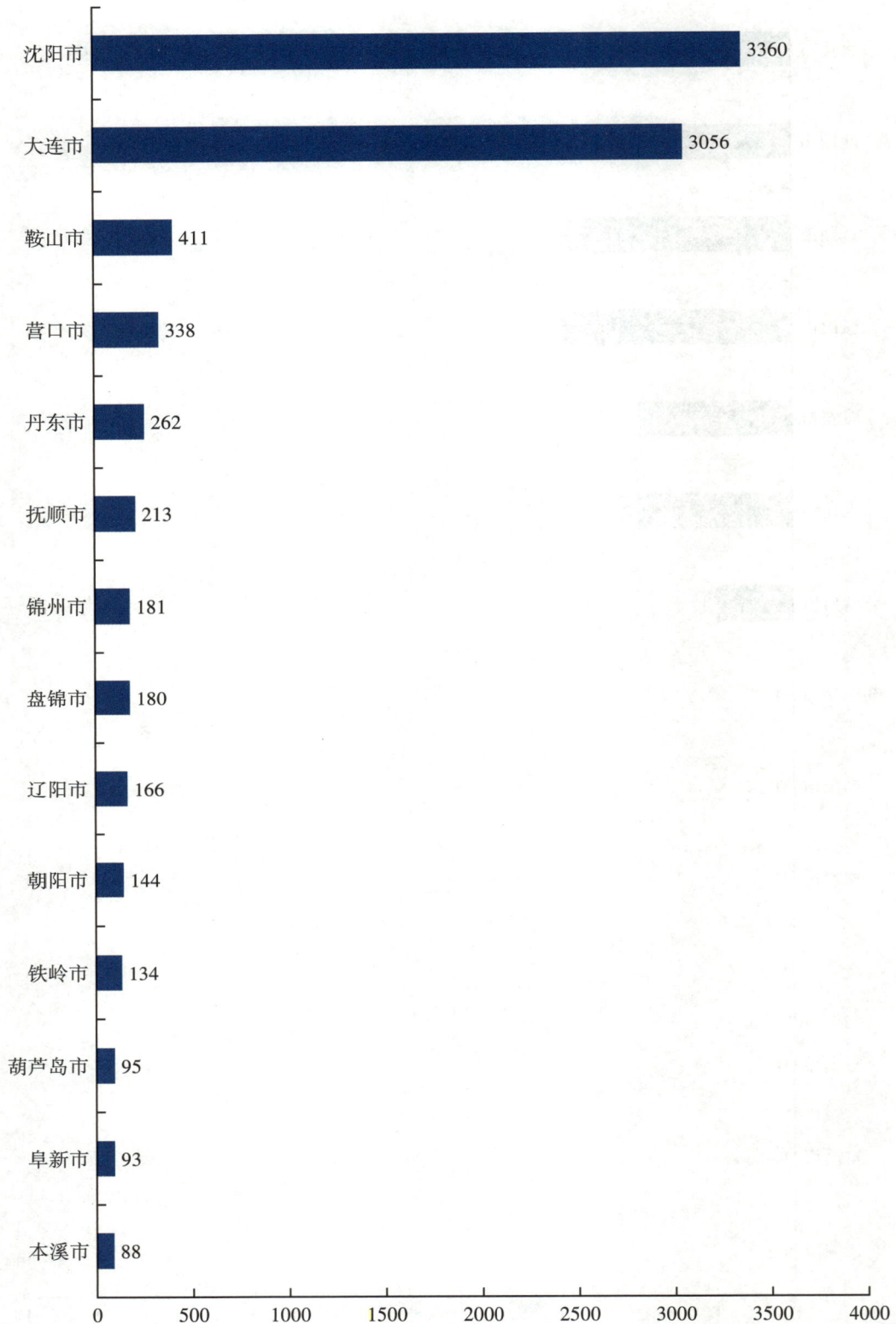

图 F-14　2021年辽宁省高新技术企业数（家）

15. 高水平技术创新类科技创新基地数

2021年辽宁省高水平技术创新类科技创新基地数如图F-15所示。

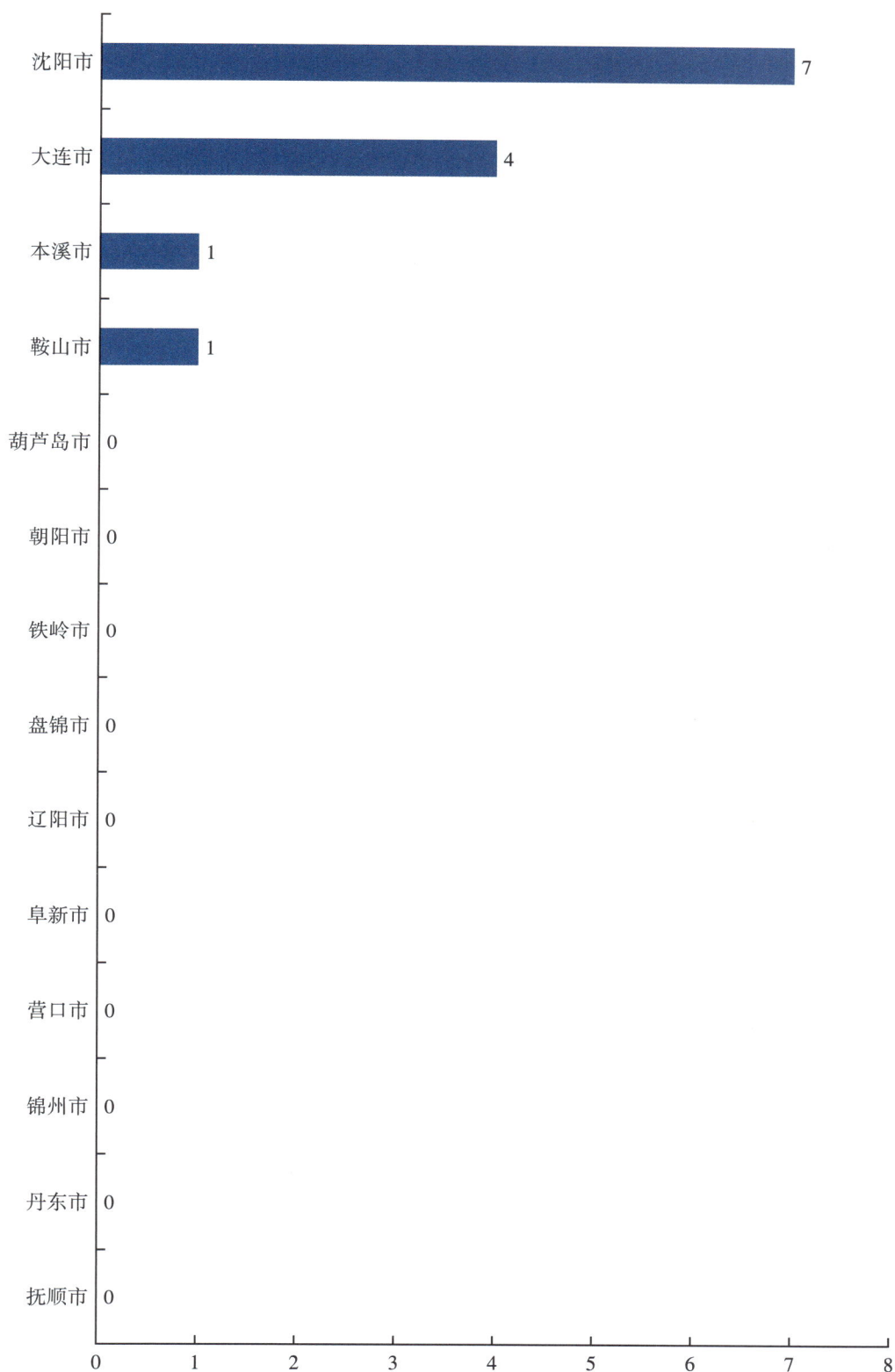

图 F-15　2021年辽宁省高水平技术创新类科技创新基地数（个）

16. 万人发明专利拥有量

2021年辽宁省万人发明专利拥有量如图F-16所示。

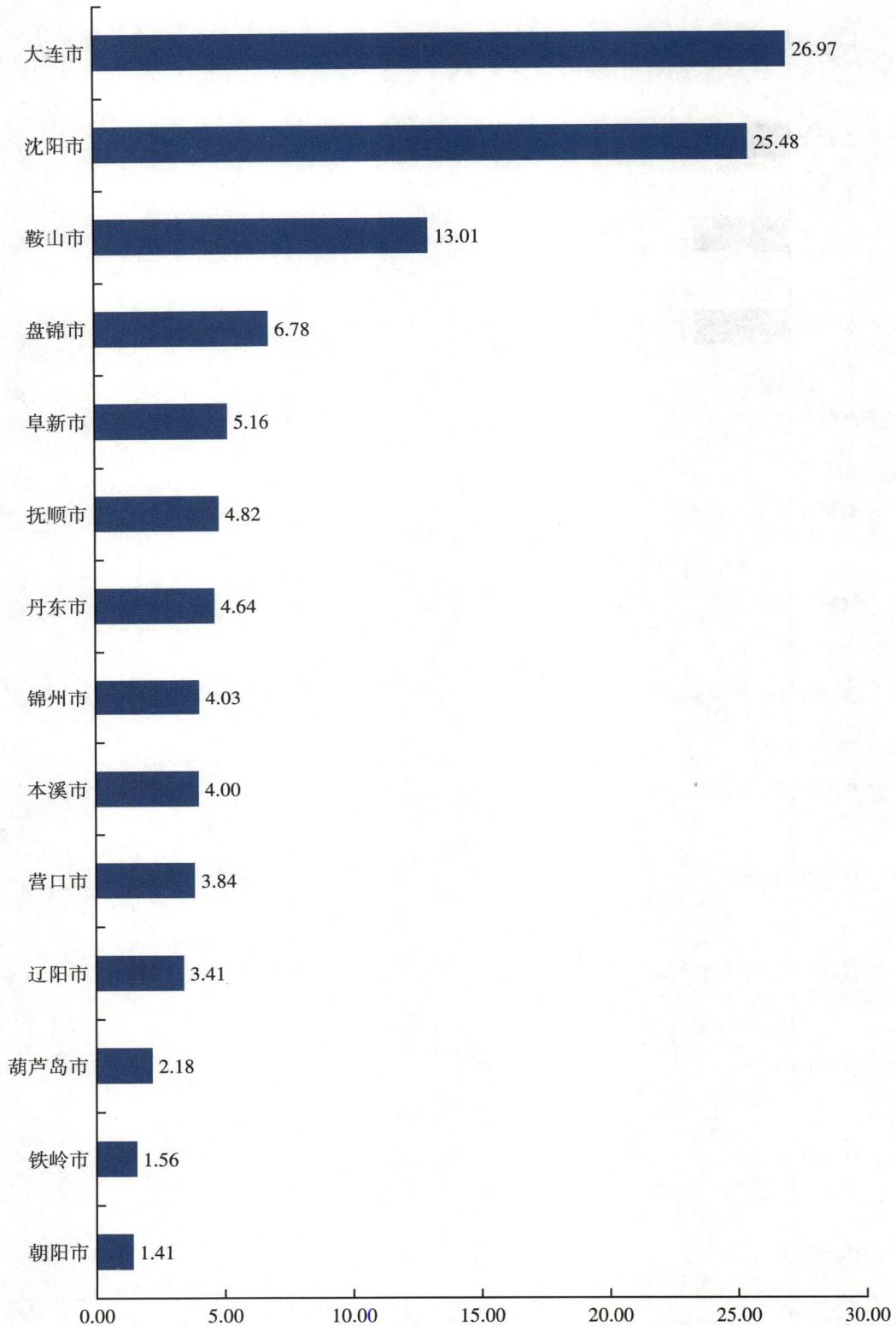

图F-16　2021年辽宁省万人发明专利拥有量（件/万人）

17. 技术输出合同成交额与地区生产总值之比

2021年辽宁省技术输出合同成交额与地区生产总值之比如图F-17所示。

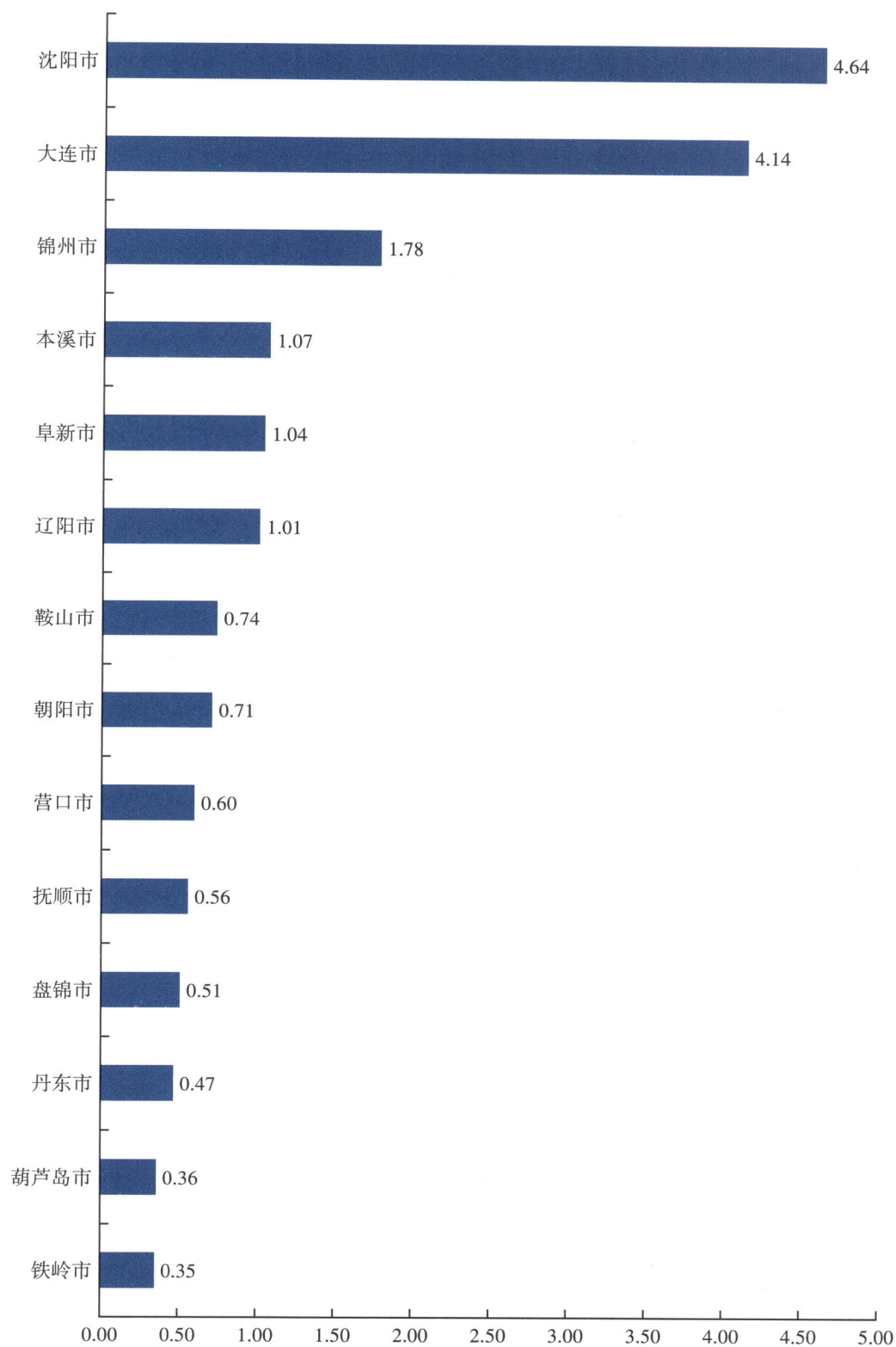

图F-17　2021年辽宁省技术输出合同成交额与地区生产总值之比（%）

18. 技术输入合同成交额与地区生产总值之比

2021年辽宁省技术输入合同成交额与地区生产总值之比如图F-18所示。

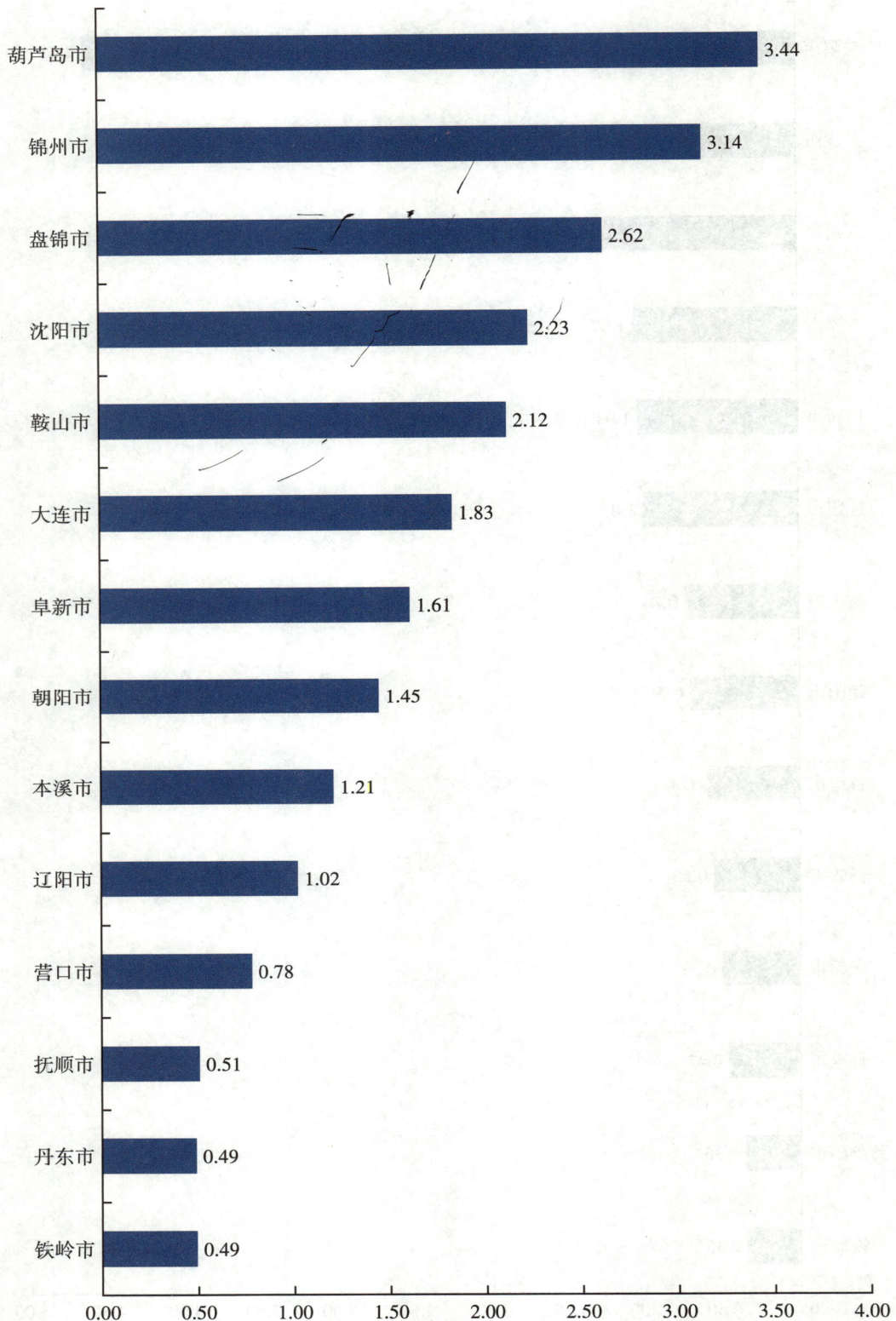

图F-18 2021年辽宁省技术输入合同成交额与地区生产总值之比（%）

19. 国家级科技企业孵化器、大学科技园、双创示范基地数

2021 年辽宁省国家级科技企业孵化器、大学科技园、双创示范基地数如图 F-19 所示。

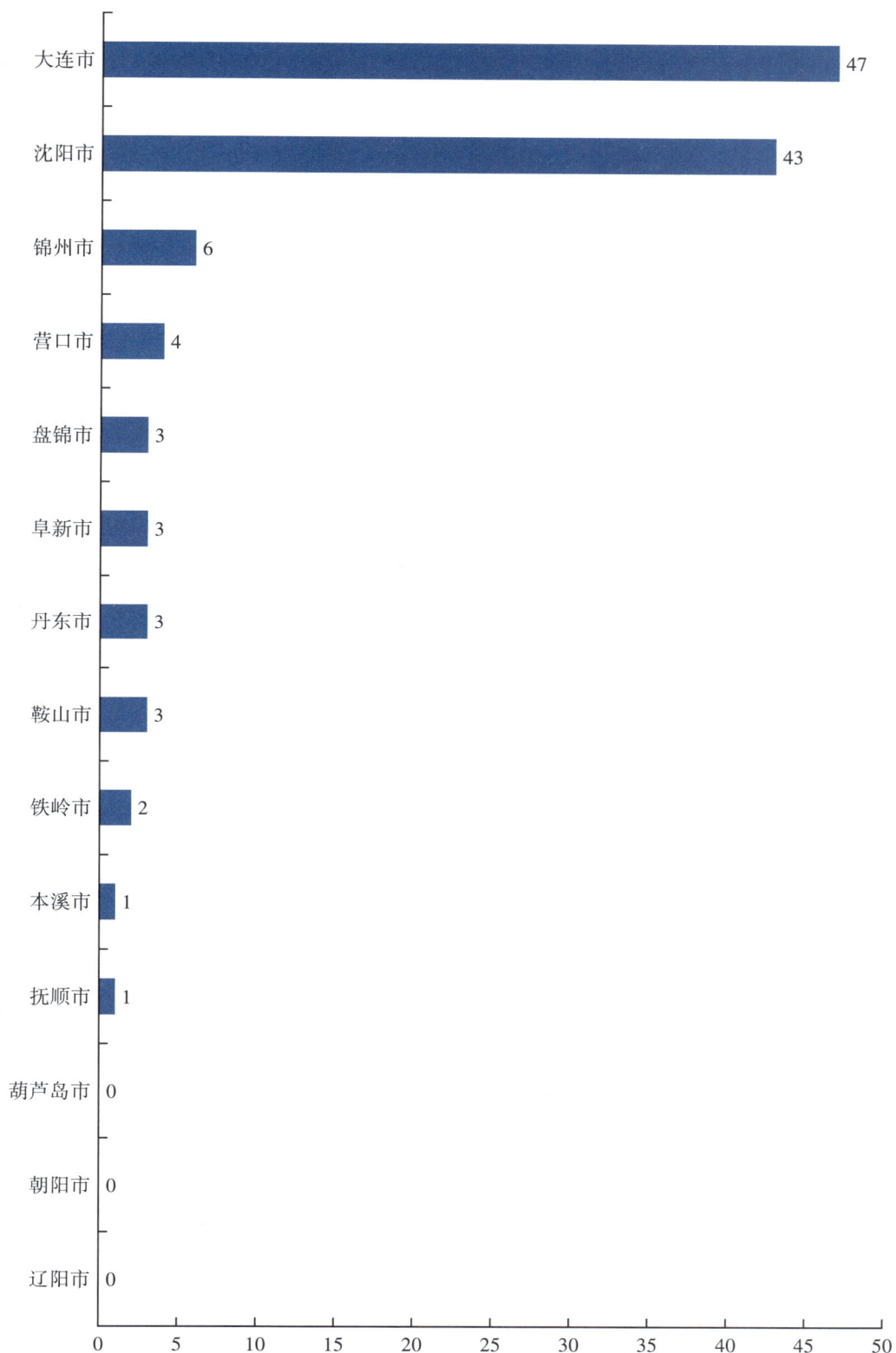

图 F-19 表述说明

城市	数值
大连市	47
沈阳市	43
锦州市	6
营口市	4
盘锦市	3
阜新市	3
丹东市	3
鞍山市	3
铁岭市	2
本溪市	1
抚顺市	1
葫芦岛市	0
朝阳市	0
辽阳市	0

图 F-19 2021 年辽宁省国家级科技企业孵化器、大学科技园、双创示范基地数（个）

20. 国家级科技企业孵化器、大学科技园新增在孵企业数

2021年辽宁省国家级科技企业孵化器、大学科技园新增在孵企业数如图F-20所示。

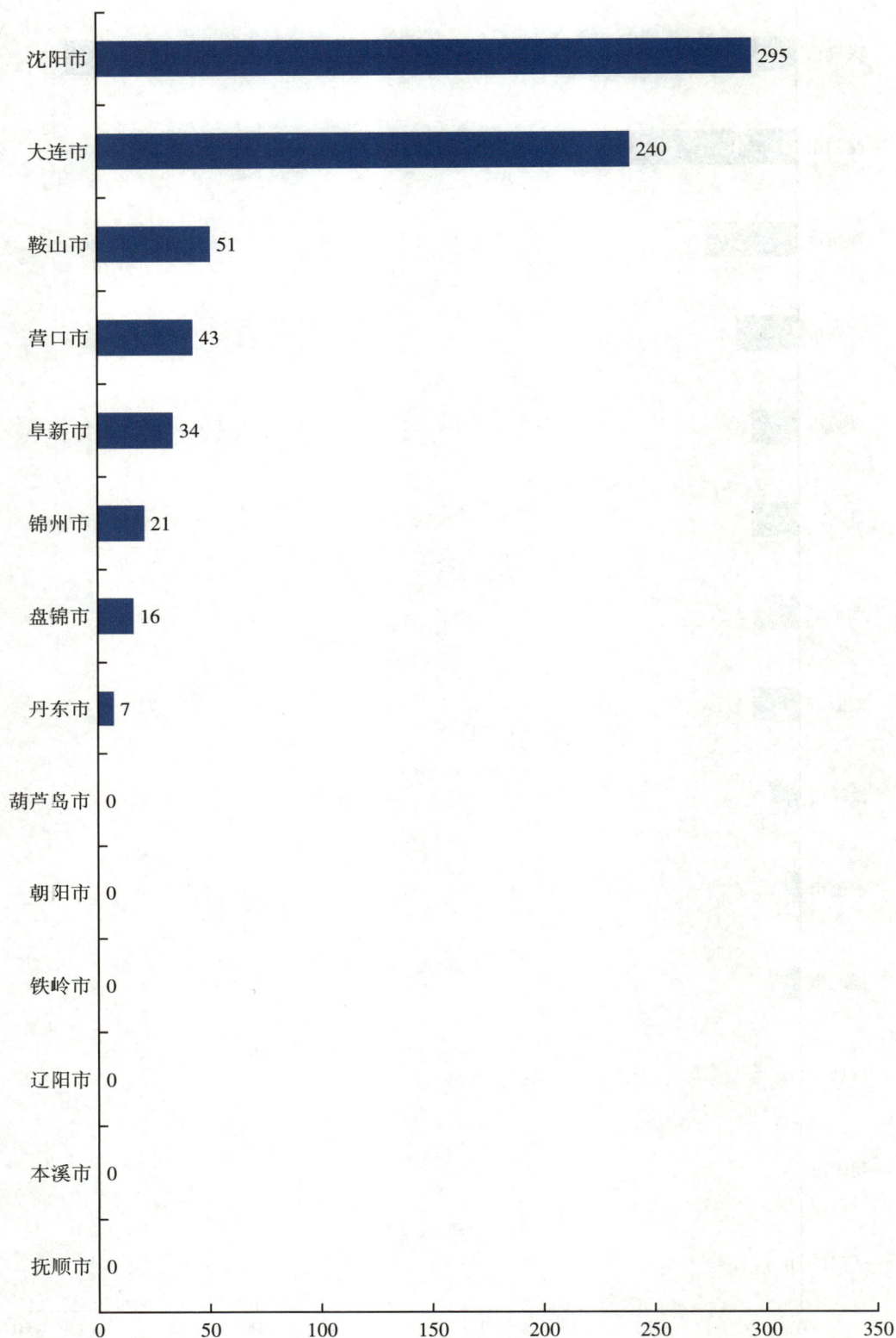

沈阳市	295
大连市	240
鞍山市	51
营口市	43
阜新市	34
锦州市	21
盘锦市	16
丹东市	7
葫芦岛市	0
朝阳市	0
铁岭市	0
辽阳市	0
本溪市	0
抚顺市	0

图F-20 2021年辽宁省国家级科技企业孵化器、大学科技园新增在孵企业数（家）

21.高新技术企业营业收入与规上工业企业主营业务收入之比

2021年辽宁省高新技术企业营业收入与规上工业企业主营业务收入之比如图F-21所示。

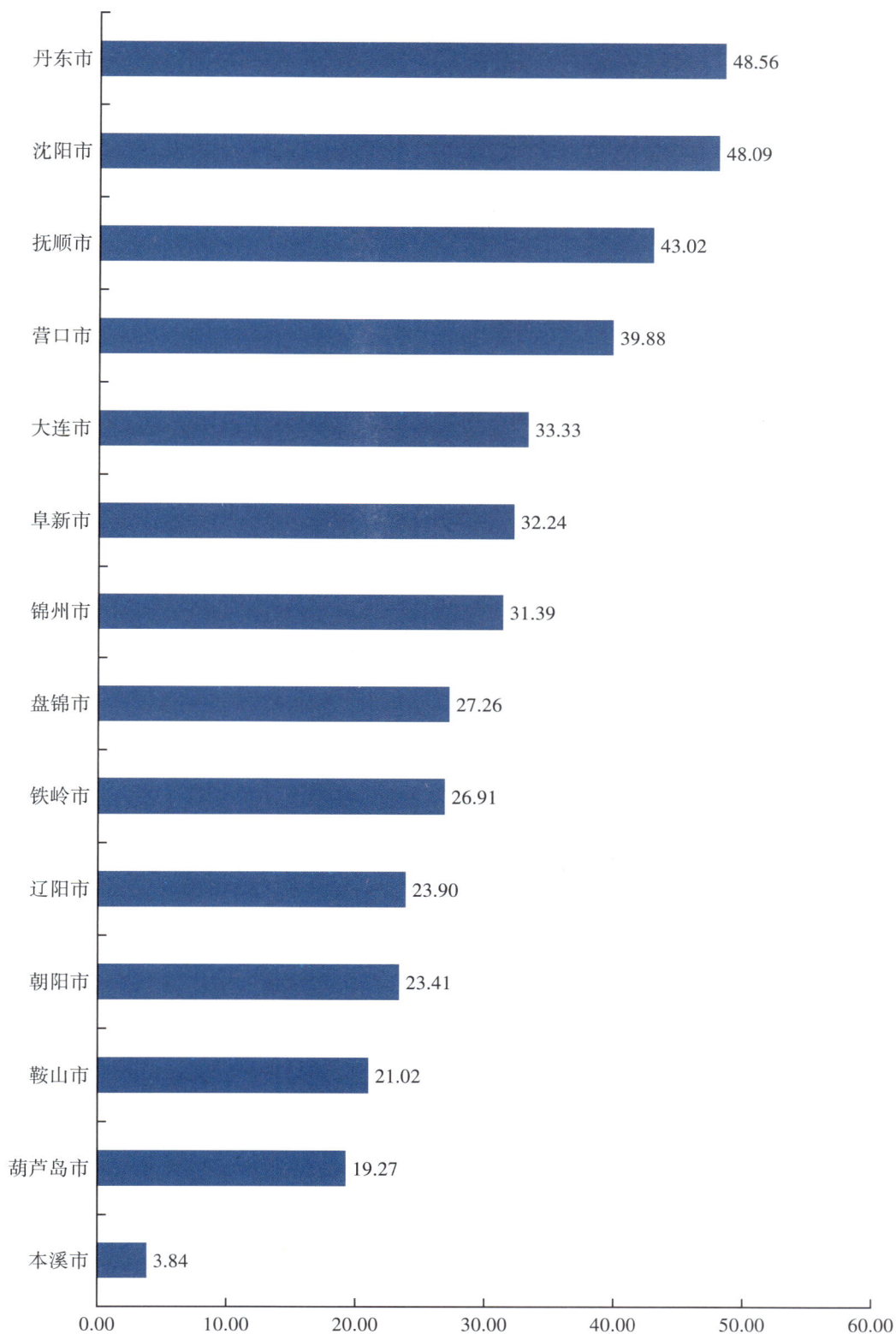

图F-21 2021年辽宁省高新技术企业营业收入与规上工业企业主营业务收入之比（%）

22. 规上工业企业新产品销售收入与主营业务收入之比

2021年辽宁省规上工业企业新产品销售收入与主营业务收入之比如图F-22所示。

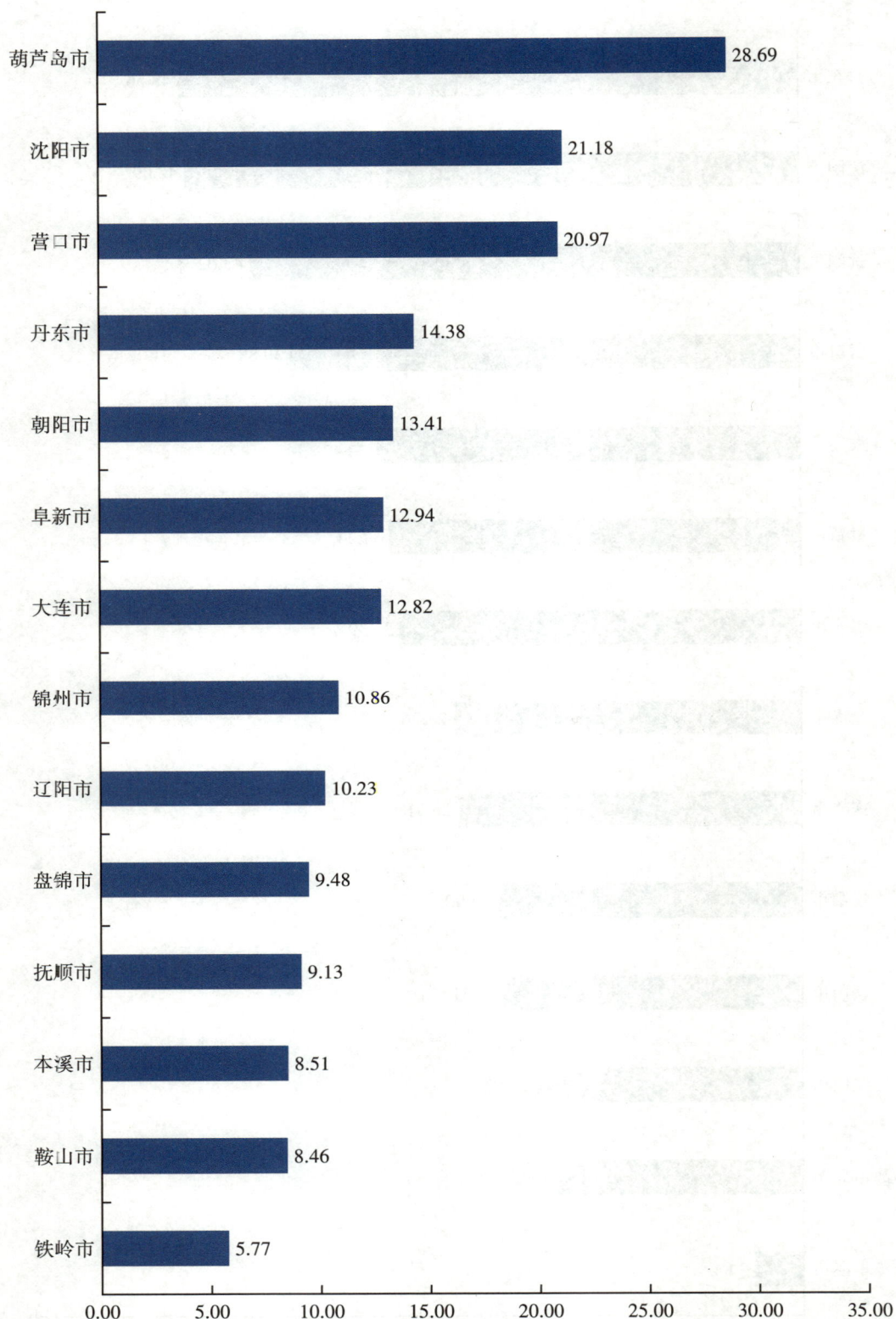

图F-22　2021年辽宁省规上工业企业新产品销售收入与主营业务收入之比（%）

23. 国家高新区营业收入与地区生产总值之比

2021年辽宁省国家高新区营业收入与地区生产总值之比如图F-23所示。

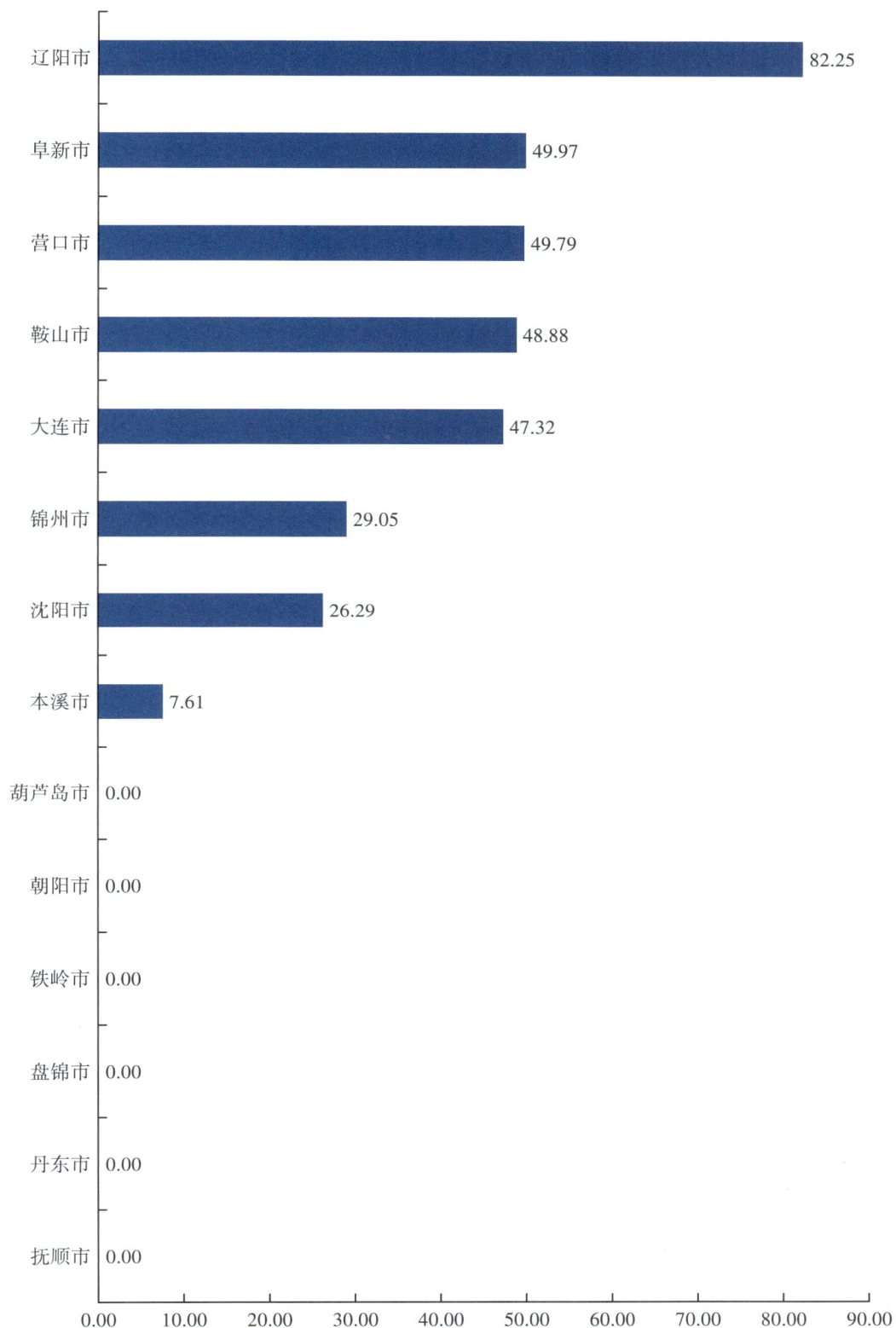

图F-23　2021年辽宁省国家高新区营业收入与地区生产总值之比（%）

24. 人均地区生产总值

2021年辽宁省人均地区生产总值如图F-24所示。

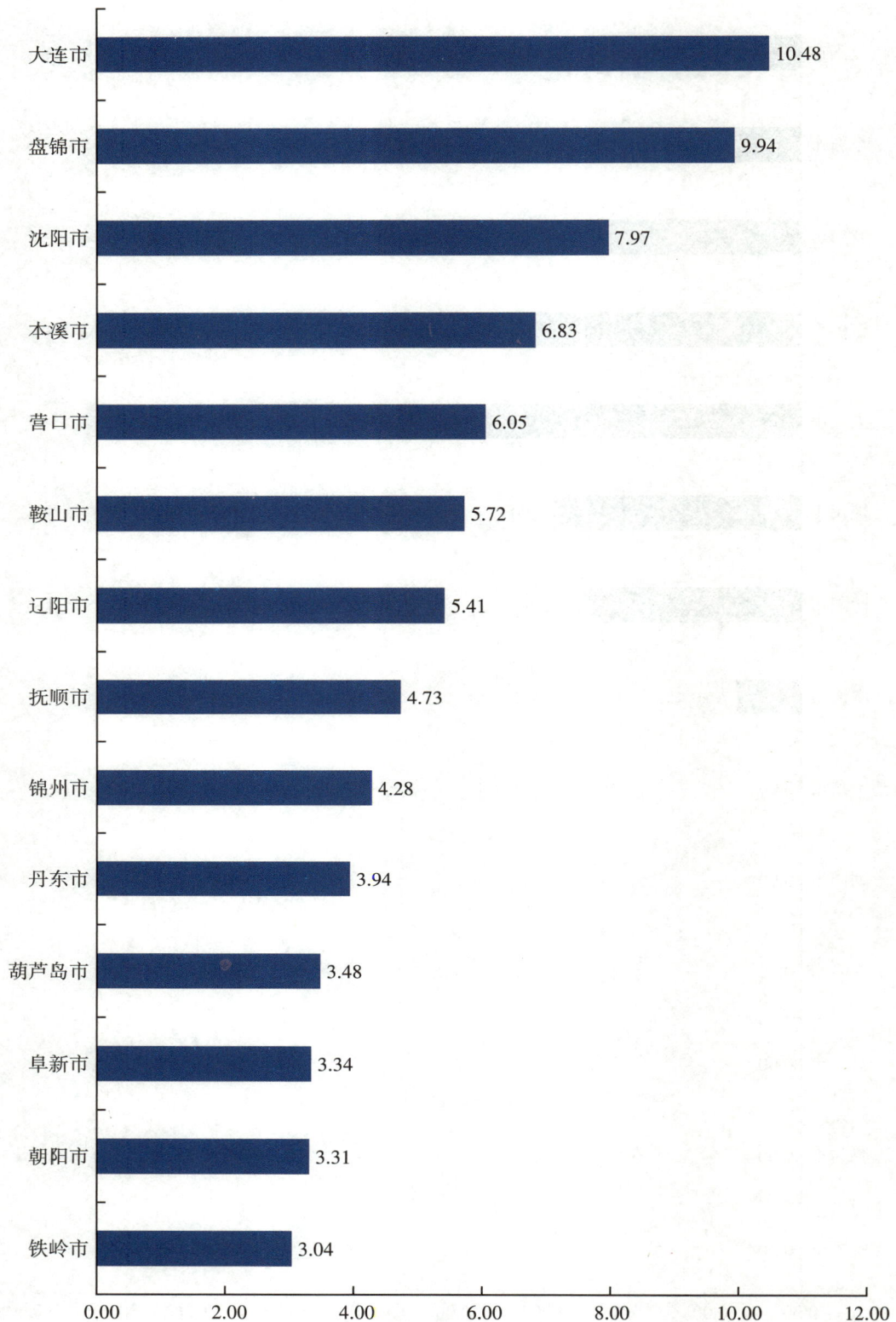

图F-24　2021年辽宁省人均地区生产总值（万元/人）

25. 地区生产总值与固定资产投资之比

2021年辽宁省地区生产总值与固定资产投资之比如图F-25所示。

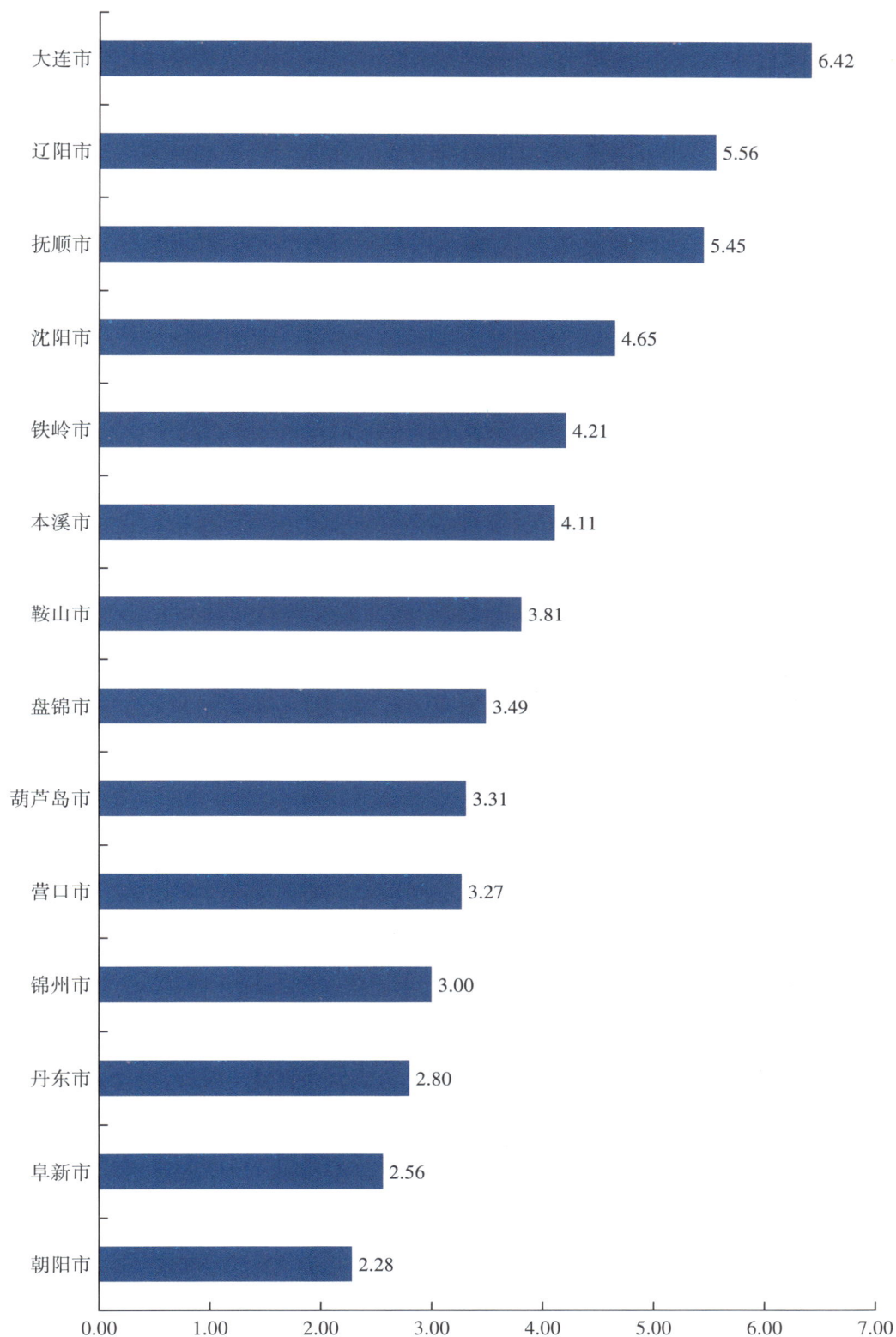

图F-25　2021年辽宁省地区生产总值与固定资产投资之比

26. 城乡居民人均可支配收入之比

2021年辽宁省城乡居民人均可支配收入之比如图F-26所示。

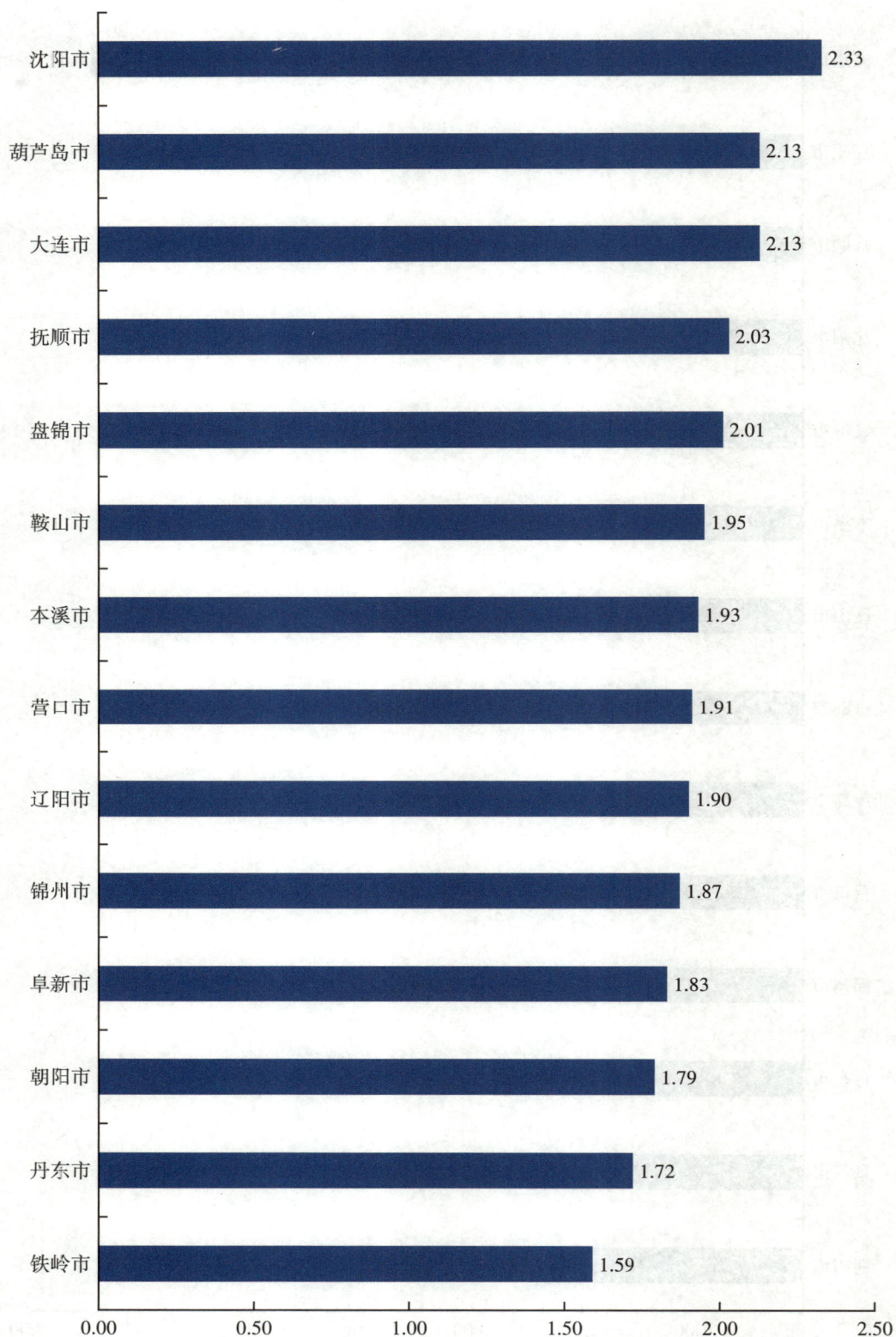

图F-26 2021年辽宁省城乡居民人均可支配收入之比

27. 单位地区生产总值能耗

2021年辽宁省单位地区生产总值能耗如图F-27所示。

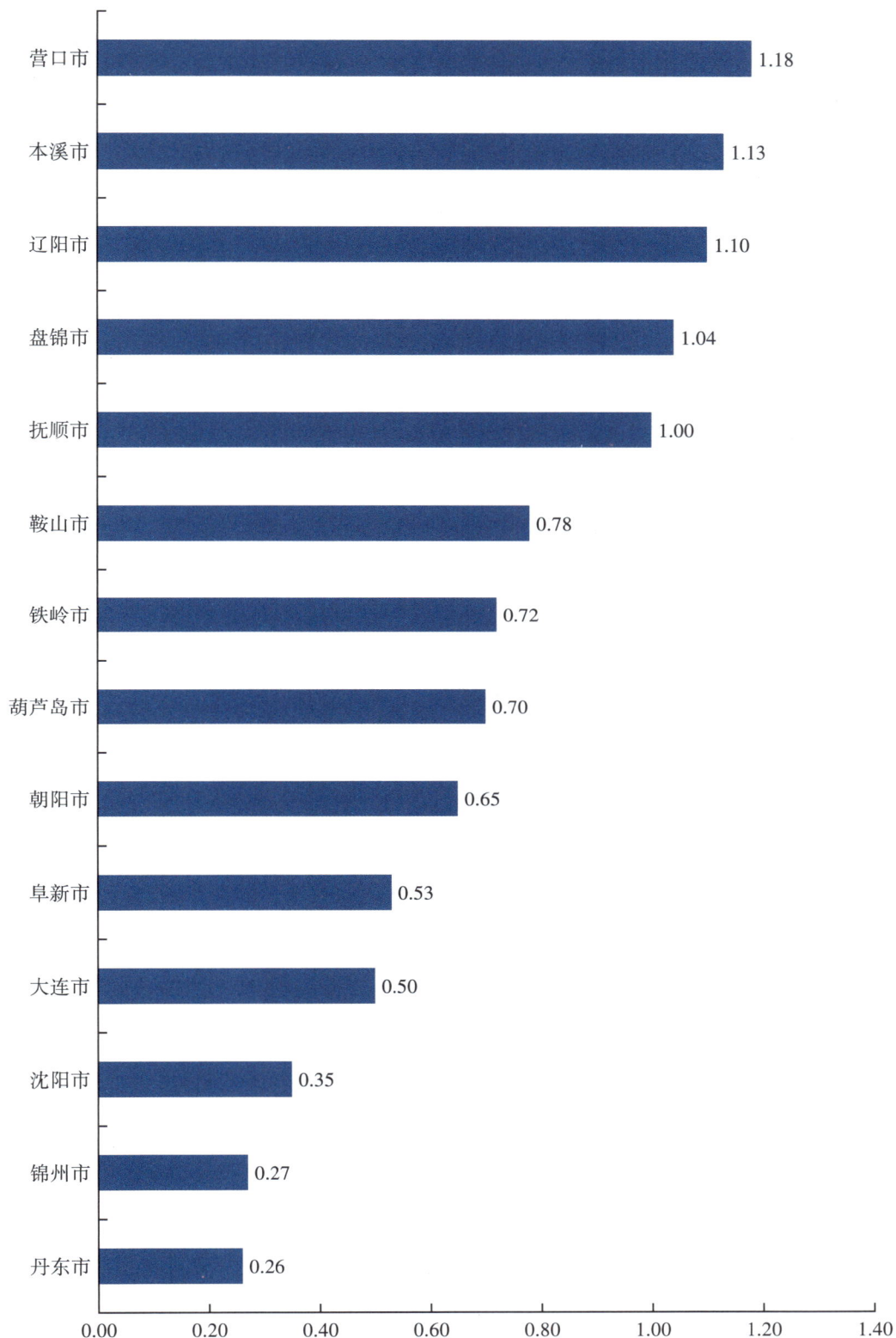

图F-27 2021年辽宁省单位地区生产总值能耗（吨标准煤/万元）

营口市 1.18
本溪市 1.13
辽阳市 1.10
盘锦市 1.04
抚顺市 1.00
鞍山市 0.78
铁岭市 0.72
葫芦岛市 0.70
朝阳市 0.65
阜新市 0.53
大连市 0.50
沈阳市 0.35
锦州市 0.27
丹东市 0.26

图F-27 2021年辽宁省单位地区生产总值能耗（吨标准煤/万元）

28. PM$_{2.5}$年平均浓度

2021年辽宁省PM$_{2.5}$年平均浓度如图F-28所示。

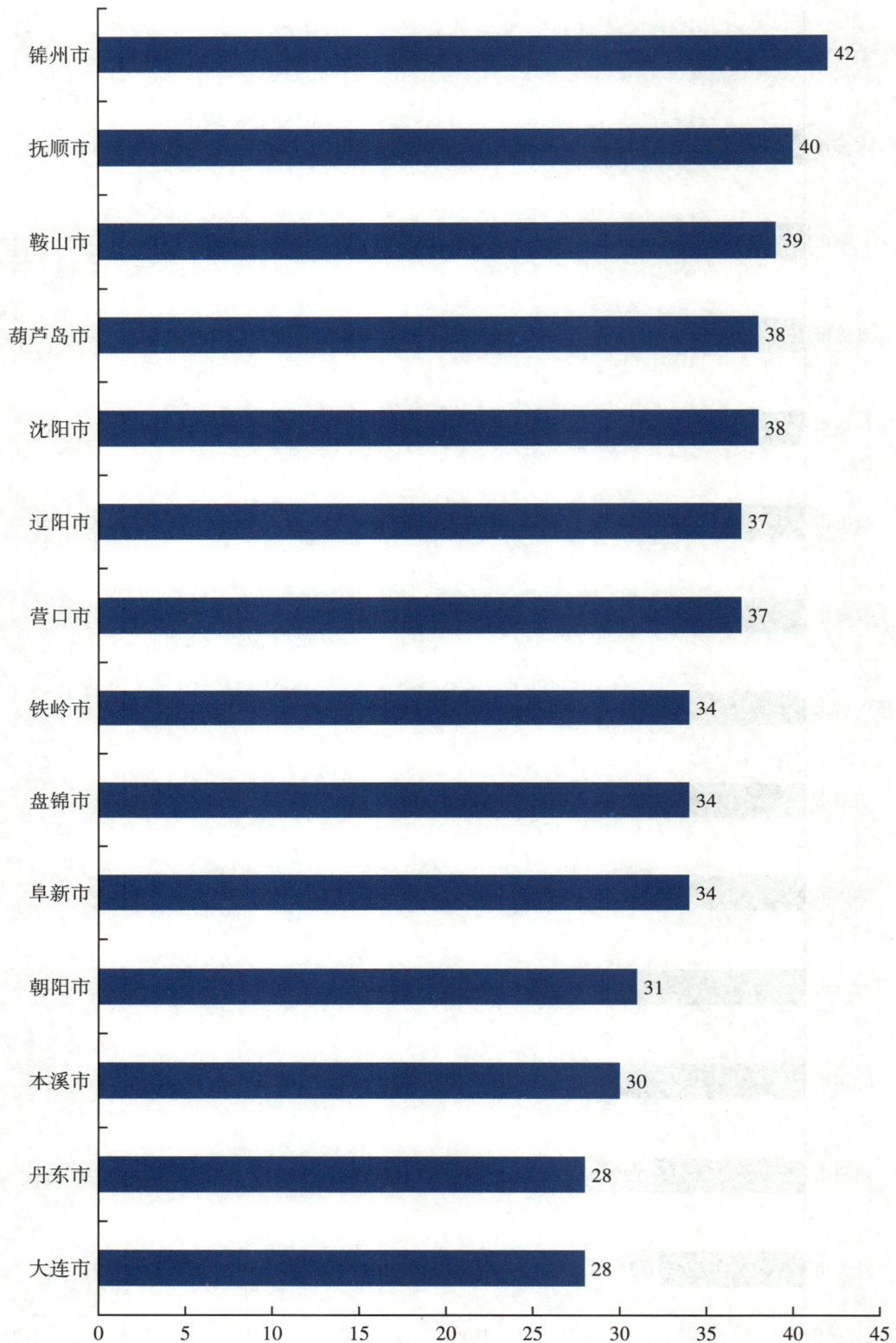

图F-28　2021年辽宁省PM$_{2.5}$年平均浓度（微克/立方米）

29. 居民人均可支配收入

2021年辽宁省居民人均可支配收入如图 F-29 所示。

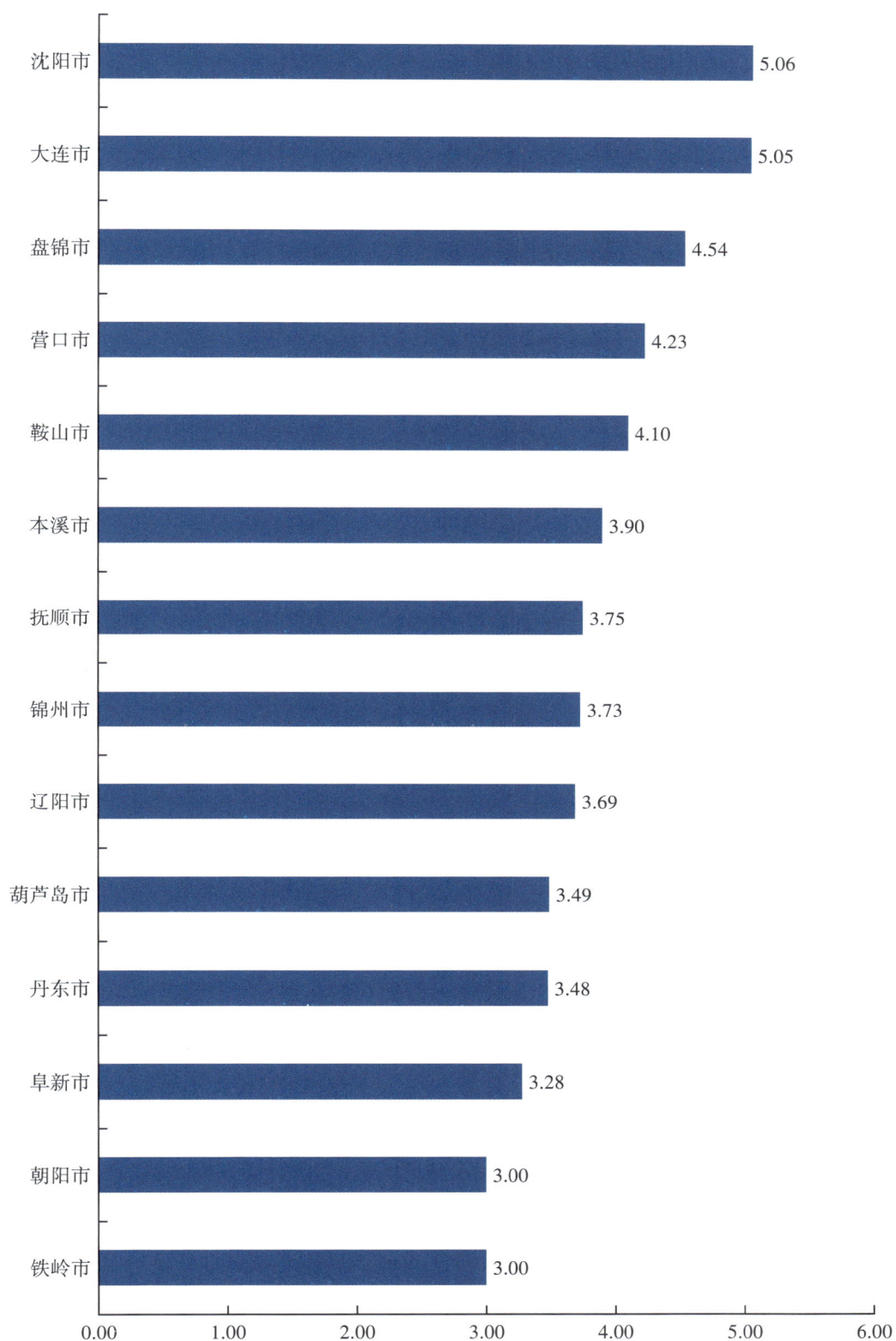

城市	人均可支配收入（万元/人）
沈阳市	5.06
大连市	5.05
盘锦市	4.54
营口市	4.23
鞍山市	4.10
本溪市	3.90
抚顺市	3.75
锦州市	3.73
辽阳市	3.69
葫芦岛市	3.49
丹东市	3.48
阜新市	3.28
朝阳市	3.00
铁岭市	3.00

图 F-29　2021 年辽宁省居民人均可支配收入（万元/人）